결혼을 배우다

결혼을 배우다

이요셉 지음

사랑을 만나다

하나님을 만나다

토기장이

가정을 세우고 회복시키고 부흥케 할 답은
오직 주님만이 아십니다

프롤로그

"크리스천으로 어떻게 연애할 것인가."
"크리스천으로 어떻게 가정을 준비할 것인가."
"어떻게 연애할 것인가"와 "어떻게 가정을 준비할 것인가?"는
비슷한 질문 같지만 저는 전자에 대해서는 말할 자격이 없습니다.
워커홀릭이라 늘 사역과 작업에 몰두했고, 여자친구에게는
무책임한 남자친구의 끝판왕을 달릴 만큼 제대로 된 연애를 하지
못했기 때문입니다.

하지만 결혼을 준비하고 결혼생활을 해 나가면서 "내가 알던
사람이 맞느냐?"며 아내가 놀랄 만큼 많이 달라졌습니다.
왜냐하면 가정을 준비할 때에 하나님이 구체적으로 이끌어
주셨기 때문입니다. 주님이 침묵하셨더라면 저는 제가 믿는
대로 살아갔을 것입니다. 여전히 사역과 작업에 몰두하며
하나님 나라에 충성하고 있다고 믿었을 것입니다. 그런 저를
하나님은 멈춰 세우셨습니다. 그리고 가정이 얼마나 소중한지를
말씀하셨습니다.

이 책은 '더딘 걸음을 걸으며 주님의 말씀에 귀 기울이며 순종한

기록들'입니다. 그러나 어떻게 결혼을 하고, 어떤 가정을 이루어야 하는지에 대한 구체적인 지침이나 가이드는 가능한 피했습니다. 왜냐하면 우리 각자는 아주 다양한 사람이 만나서, 각기 다양한 방법으로 사랑하기 때문입니다. 하나님의 나라는 많은 사람이 하나의 악기로 단조로운 소리를 내는 것이 아니라, 다양한 악기로 다채롭고 아름다운 음악을 연주하는 것, 곧 하모니를 이루어 내야 한다고 믿습니다. 그래서 단편적인 답을 주는 것은 도리어 위험할 수 있다는 생각이 들었습니다. 하나님은 우리를 아십니다. 그리고 부부가 이룬 가정을 아십니다. 가정을 세워갈, 그리고 회복하고 부흥케 할 답은 오직 주님만이 아십니다. 우리는 성경을 통해 그 정신과 방향을 얻습니다. 그것을 구체적으로 어떻게 행동해야 할 것인지는 각자의 몫입니다.

저는 그저 제게 주신 주님의 마음에 순종한 흔적을 나누었습니다. 또래의, 함께 살아가는 이들에게 꼭 말하고 싶습니다.

"이 책은 하나님이 우리 가정을 이렇게 이끌고 가셨다는 흔적입니다."

차례

프롤로그

Chapter 1
두려워하던 사랑에 빠지다

- 019 하지만 결혼은 두렵습니다
- 022 두려움이 사랑을 만나 다시 씨앗으로 돌아가다
- 025 그녀는 헤어져야 했고 나는 결혼해야 했다
- 029 아름다운 결혼식을 준비하고 싶어지다
- 034 신혼집이 초막이어도 궁궐이어도 상관없을까
- 040 사람과 사람이 만나 행복하려면
  ◇ 프로포즈 이야기
- 046 나 지금 두근거리는 걸 억지로 참고 있어
- 052 서로 다름을 인정할 때까지 기다려야 했다
- 056 너와 나, 함께 살아가는 인생이 되다
- 060 신혼여행, 함께할 세상을 넓히다

Chapter 2
처음부터 남편이고 아내였던 사람은 없다

- 067 이리저리 흔들리고 흔들리다
- 072 인생에 '낭비'를 받아들일 것인가
- 079 사랑하면 다 된다, 다 된다고?

084 믿음의 실험을 하려면 그래도 처음이 좋다
088 아버지의 뒷모습에서 나의 권위를 보다
091 남편의 권위란 무엇인가
098 함께 기도하는 훈련이 필요하다
105 우리는 늘 서로의 기대에 모자란다
109 그리스도가 교회를 사랑한 것 같이
115 나를 사랑해 주지 않겠니?
120 누구나 사랑은 힘들 수밖에 없다

Chapter 3
나는 오늘도 너로 인해 좋다

129 회색빛 가득한 오늘도 너로 인해 좋다
131 나랑 결혼한 거 후회하지 않아?
140 이해하지 못해도 여전히 널 사랑해
149 미안하다는 말을 미루지 않게 해주세요
155 당신에게 작별인사를 전합니다 - 아내의 이야기
163 이제 서로가 없는 세상은 꿈꿀 수 없다
166 하나님은 잊을 수 없는 답을 주셨다
172 일상의 지루한 걸음에서도 폭풍 같은 하루하루 속에서도
　　◇ 아내의 영성일기
178 사랑하지 못해서 부끄럽지 않게 해주세요
181 통장을 열어 보고 한참을 웃었다
185 쉬워 보이는 선택을 할까 두렵다
188 하나님이 살게 해주시지 않으면 살 수 없는 인생이구나
192 아내는 여전히 나를 존경한다고 말해 준다

Chapter 4
우리는 함께 결혼을 배워가고 있다

199 하나님은 내 결혼에 관심이 없는 걸까요?
◇ 당신을 향한 아버지의 마음

결혼에 대한 Q&A

208 어떤 사람을 만나는 게 좋을까요?
- 신앙 좋고 사역 잘하는 사람을 만나면 행복할까요?
- 무조건 착한 사람을 만나면 행복할까요?
- 그렇다면 도대체 어떤 사람을 만나야 할까요?
212 결혼이 이 지긋지긋한 상황에서 '도피처'가 되어 줄 수 있을까요?
214 연애나 결혼에 앞서 제 자신에게 어떤 질문을 던지면 좋을까요?
217 두려움 때문에 결혼을 포기했어요
220 솔로일 때의 시간을 어떻게 보내면 좋을까요?
223 배우자를 위해 1시간 기도한 사람과 10시간 기도한 사람은 어떤 차이가 있나요?
228 음란한 생각이나 행동이 어떤 영향을 끼치나요?
230 혼전 성관계, 어떻게 생각하세요?
233 이상형과 결혼해야 행복하지 않을까요?
235 크리스천은 배우자보다는 '동역자'를 찾아야 하지 않나요?
237 좋은 신앙의 선배를 만나면 더 좋겠죠?
238 이왕이면 조건 좋은 사람을 만나는 게 낫겠죠?
240 외모는 아니더라도 장래성은 꼭 봐야겠죠?
242 외모가 기준이 아니라면 제 외모도 가꿀 필요가 없겠네요?

244	썸만 탈 뿐 왜 고백하지 못하는 걸까요?
245	고백을 받았는데 제 타입이 아니에요, 만나야 할까요?
246	제 선택이 옳은 건지 모르겠어요
247	남자는 왜 공감해 주기보다 해결해 주려고 하죠?
248	남자는 왜 말을 안 해주면 모르죠?
249	여자를 기쁘게 하기 위해서는 세상이라도 구원해야 하나요?
251	왜 내 마음을 몰라주죠?
253	왜 우리의 연애는 영화나 드라마처럼 로맨틱하지 않죠?
257	사귀고 난 뒤로는 저를 함부로 대해요
258	사랑을 할 때 본능에 충실한 것도 잘못인가요?
261	스킨십 후에 수치심을 느껴요
265	연애할 때 스킨십은 어디까지가 좋을까요?
268	어떻게 하면 아름답게 헤어질 수 있죠?
270	하나님께 응답을 받았다고 프러포즈하는데 결혼해야겠죠?
272	연애나 결혼생활을 할 때 익숙한 상황을 만난다면 고민 없이 예전과 똑같이 행동해도 되겠죠?
274	죽을 만큼 사랑하는 감정이 없다면 결혼하면 안 되겠죠?
275	결혼만 하면 끝인 줄 알았어요
276	결혼 전에는 장점으로 보였지만 지금은 아니에요
277	도저히 이해할 수 없는 사람과 살고 있어요
278	기다림의 시간을 무엇으로 채워야 할까요?
280	시댁과 처갓집을 어떤 순서와 횟수로 방문해야 옳을까요?
282	내 사명의 짐을 가족에게도 지워야 하나요?
284	살아가면서 본질과 비 본질을 확실하게 구분해야 하지 않을까요?
286	하나님의 나라를 구하지만 현실은 막막하고 두려워요

에필로그

Chapter 1

두려워하던
사랑에 빠지다

주님이 붙들어 주시지 않는다면
사람과 사람이 만나
결코 행복할 수 없을 것 같았다

하지만 결혼은 두렵습니다

어느 가을, 김우현 감독과 〈부흥의 여정〉을 촬영하기 위해 연변을 방문했다. 연변과기대에서 마련해 준 숙소에서 나는 하나님께 이런 고백을 드렸다.

"하나님, 전 이 생활이 전혀 힘들지 않아요. 왜냐하면 당신이 제 아버지 되시기에 이 삶이 매우 즐겁고 감사합니다. 하지만 결혼은 두렵습니다. 아내는 제 이런 삶을 동의할지 모르지만, 제가 아이를 낳으면 그 아이의 배고픔을 나 몰라라 할 수는 없잖아요. 가진 것이 없더라도 하나님만 바라며 살고 싶은데… 결혼을 하면 저 어떻게 살아가야 하나요?"

사람들이 흔히 말하는 것처럼 나도 무언가 준비가 되기 전에 사람을 만나고 결혼을 한다는 것이 사치처럼 여겨졌다. 안정적인 직장을 가진 후에야 결혼이 가능한 것은 아닐까? 더군다나 이렇게 살아갈 것을 마음먹은 후부터는 사랑하는 사람을 책임지지 못할까 봐 두려웠다.

일 년이 지난 어느 날, 하나님은 내가 던진 질문에 아주 간단하게 답을 주셨다.

"네가 이 삶이 힘들거나 지치지 않는 것은 내가 너의 아버지가 되기 때문이라고 그랬지? 그렇다면 네가 결혼했을 때 나는 네 개인의 아버지에서 네 가정의 아버지가 된단다."

아! 이 간단한 진실이 내 안의 두려움을 몰아냈다. 내가 우리 하나님을 얼마나 작게 여기고 있었던가? 하나님이 내 아버지로서 나를 사랑하시고 지키시는 것과 동일하게 내 가정의 아버지가 되어 주신다는 것, 그 믿음이 나를 얼마나 자유롭게 했는지 모른다.

성경은 하나님의 '인자'와 '진실'을 수없이 노래한다. 하나님의 인자라는 말은 그저 사랑이라는 말로써는 표현해내지 못할 언약적 사랑(헤세드)이다. 영어성경에서는 실패하지 않는 사랑(unfailing love) 등 다양한 언어로 표현하고 있다. 인자와 짝을 이루는 단어인 진실(에메트)이라는 말은 하나님과 관계될 때는 일관성, 불변성을 말한다. 곧 '기대어도 되는' '믿어도 되는' '신뢰할 만한'이라는 의미를 지닌다.

나는 여호와의 인자와 진실이 내 삶을 비추고 있다고 믿어 왔다. 그리고 이에 더하여 주님의 빛이 비추는 영역이 나 개인의 좁은 범위를 넘어 가정까지 넓혀져야 한다는 것을 알게 되었다.

내가 주님 한 분으로 충분하다고 고백하는 그 믿음은, 내가 가정을 이루어도 동일한 고백이 되어야 하는 것이다.

두려움이 사랑을 만나 다시 씨앗으로 돌아가다

아내 명경이는 알고 지내던 후배였다. 웃음이 매우 맑아 나는 그 비결을 캐묻고 싶었다. 당시에 나는 〈요셉일기〉라는 제목으로 골목을 쏘다니며 만나는 사람들을 인터뷰하거나 누군가를 만나 사진을 찍고 인생과 신앙에 대해 묻고 나누는 작업을 하고 있었다. 어디서 피었다 지는지 알지 못하는 사람들이지만 천국의 향내를 피며 자라나는 꽃과 같은 사람들. 이런 천국의 야생화 같은 사람들을 만나며 사진을 찍고 글을 썼다. 나는 이 과정 가운데 명경이를 만나 인터뷰하다가 그녀를 사랑하게 되었다.

아내의 이름은 김명경(金明敬). 아버님이 '밝은 것을 공경하라'는 뜻으로 지으신 이름이다. 아내는 사과 궤짝을 옷장 삼고 시장에서 배추 시래기를 주워 끓여 먹던 가난한 집안의 셋째 딸로 태어났다.

명경이의 아버님은 태어날 때부터 앞을 못 보시는 시각장애인이셨는데 예수를 믿으면 눈을 뜰 수 있다는 어느 선교사의 말에 교회를 따라 나오셨다가 목사님까지 되셨다. 이후 기도 중에 하나님은 정말 아버님의 눈을 만져 주셨다. 물리적인 세상과 사랑하는 딸은 보실 수 없어 손으로 더듬어 만져야 하셨지만, 성경과 신앙서적을 보실 때는 글자 하나하나가 금빛으로 보이는 놀라운 기적을 누리셨다.

이렇듯 아내는 하나님의 은혜 안에 살아가시는 부모님의 사랑을 듬뿍 받으며 자랐다. 그러나 그것도 잠시뿐, 아버님이 그만 시골길에서 교통사고로 돌아가시고 말았다. 이후부터 아내는 방학 때마다 틈틈이 떡을 떼다가 팔기도 했고, 온 동네에 스티커를 붙이기도 했고, 빵공장에서 손도 다쳐 가며 일하면서 어렵게 살아왔다. 그때 아내는 내게 웃음 가득한 얼굴로 이런 자신의 이야기를 들려주었다. 나는 그 이야기 하나하나를 들으며 사랑에 빠지게 되었다.

'아픈 추억이 쓰린 상처로 남을 수도 있지만, 그 상처를 잘 치유한다면 깊이가 되겠지. 그렇다면 이 친구는 깊이 있는 친구겠구나.'

그 사랑 안에 그녀가 만져지기 시작했다. 어떤 사람은 자신의 상처를 아파하고 때론 비관하기도 하지만, 누군가는 그 상처로 깊어질 수도 있다는 것을 나는 아내의 웃음을 바라보며 깨닫게 되었다.

두려움은 씨앗과 같아서 관심을 받으면 무럭무럭 자라나지만, 그 잎이 아무리 무성해도 본 모습은 작은 씨앗일 뿐이다. 이렇듯 내 마음속에 무성하게 자라나던 결혼에 대한 두려움은 운명 같은 사랑을 만나 다시 씨앗으로 돌아갔다.

그녀는 헤어져야 했고 나는 결혼해야 했다

우리는 별다른 취미가 없었다. 명경이는 당시 건설회사에 다니고 있었는데 야근이 잦아 귀가 시간도 챙기지 못할 정도로 바빴다. 나 역시 하나님의 나라와 의를 구한다고 날마다 골목을 쏘다니며 촬영을 했고 집에 와서는 글을 쓰고 사진을 정리하느라 명절에도 고향에 내려가지 않았다. 그저 쉬는 시간을 스스로 반납해 가며 눈코 뜰 새 없이 바쁘게 지냈다. 바빠서였는지 성격 탓이었는지 우리는 연애하는 기간에 연애라고 할 만한 특별한 일도 없었다.

당시 명경이는 개척교회를 섬기고 있었다. 그 교회에 드럼이 있었는데 연주할 사람이 없어 그녀는 학원에서 드럼을 배우기 시작했다. 6개월 정도가 지나서 학원에서 연말

콘서트를 열었는데, 그녀도 한 파트를 맡게 되었다. 그러나 나는 그 공연에 참석하지 않았다. 그날 특별한 일이 있었던 것도 아니다. 아마 그날에도 나는 평상시처럼 골목을 쏘다니며 사람들을 만나고 이야기를 나누고 기도했을 것이다. 그만큼 사역이나 작업이 아닌 일에 무관심했던 나였다. 그래서 자연히 우리는 일주일에 겨우 한 번 만나서 산책을 하거나 식사를 하고 헤어지는 게 데이트의 전부였다. 게다가 서로 더위에 약한 편이라 한 달간 만나지도 않고 여름을 보내기도 했다.

그렇게 띄엄띄엄 만나다가 2007년 여름, 나는 굿네이버스에서의 재능나눔으로 한 달 동안 아프리카에 촬영을 가게 되었다. 그런데 출국 전날, 명경이가 내게 헤어지자는 메시지를 보냈다. 특별한 문제나 다툼이 없었던 터라, 폭탄 같은 이별 통보에 나는 그녀가 살던 안양으로 급히 달려갔다. 이별 통보의 이유를 말하지 않는 명경이와 카페에 나란히 앉았다.

"정말 헤어져야 하는 이유라면 모르겠지만 대화로 풀 수 있는 거라면 내가 노력할게."

차근차근 대화를 해 보니 그녀가 말한 이별의 이유는 함께 풀어 가면 되는 일들이었다. 첫 번째 이유는 자신이 결혼을 하면 십여 년 전 아버지가 돌아가시고 홀로 되신 어머니를 더 이상 돌보지 못할 것 같아서였단다.

"명경아, 그건 우리가 결혼을 준비할 때 어떻게 하면 좋을지 같이 고민하면 되는 문제인 것 같아. '어머니를 모시고 살면 어떨까?' 하고 물어봐 주지, 아무 이야기도 하지 않고 혼자서 결정해 버리면 어떡해. 그러면 또 다른 이유는 어떤 거야?"

두 번째는 말도 안 되는 이유였다. 내가 자기보다 좀 더 나은 사람과 만나서 결혼을 하면 좋겠다는 생각이 들었다는 거다. 자신은 내가 하는 일에 전혀 도움을 줄 수 있는 사람이 아니라는 생각이 들었다는 거다.

"명경아, 나는 함께 일할 사람을 찾거나 그 사람을 만나서 결혼하려는 게 아니야. 네가 내게 어떤 도움을 줄 수 있어서 만나려는 게 아니라 사랑하기 때문에 만나는 거야."

이야기를 다 마치고 우리는 웃으며 헤어졌고, 나는 바로 출국 준비를 하고 다음 날 아프리카 행 비행기에 올랐다. 아프리카의 낙후된 항공시스템으로 인해 예약해 놓은 비행기를 모조리 놓친 나는 경유한 인도 공항에서 체류해야만 했다. 영화 〈터미널〉의 한 장면처럼 공항터미널에서 씻고 먹고 자기를 며칠 동안 반복했다. 생각 이외에는 아무것도 할 수 없는 좁은 터미널 안에서 나는 명경이와 나눈 대화를 곰곰이 생각하며 마음으로 무언가를 결정하고 있었다.

"결혼을 서둘러야겠다!"

그전까지 나는 언제 결혼을 해야겠다는 마음이 없었다. 적절한 때가 되면 결혼할 거라는 막연한 생각만 가지고 있었다. 그런데 명경이의 이별 통보가 결혼에 대해 구체적으로 생각할 수 있는 계기가 되어 주었다.

나는 "사람이 보기에 어리석어 보여도 하나님이 보시기에 기뻐하는 사람을 볼 수 있는 눈을 달라"고 끊임없이 기도해 왔다. 그런 연장선상에서 명경이를 떠올리니 하나님이 내게 허락하신 사람이라는 감동이 있었다. 명경이가 헤어지자고 했던 이유도 자기 자신의 문제라기보다는 어머니를 돌보기 위한 것이었고, 내게 도움을 주기 위해 자신이 양보한다는 것이었다.

나는 '자기 것을 챙기는 방법에 어리숙한 이런 바보는 내가 데리고 살아야겠다'라고 공항터미널에서 마음먹었다.

아름다운 결혼식을 준비하고 싶어지다

양가 부모님과 상견례를 한 후, 우리는 본격적으로 결혼을 준비하기 시작했다. 그런데 다툼을 피하는 성격을 가진 우리도 결혼을 준비하면서 대부분의 예비부부들처럼 갈등을 겪었다.

나는 전형적인 남자로 결혼식 비용은 줄이고 남은 차액으로 여행이나 구제, 혹은 공부나 결혼 이후를 생각하자고 주장했고, 명경이는 전형적인 여자로 친구가 결혼할 때 봐두었던 아름다운 예식장에서 결혼하기를 원했다. 나를 극단적으로 설명하자면 동사무소에서 결혼해도 개의치 않을 정도로 형식에 묶이지 않는 사람이다. 그래서 예식장에서의 결혼이 부당하다는 생각이 들었다. 연애를 하는 도중에

한 번도 싸울 일이 없던 우리는 이 일로 마음이 상했다. 나는 속상한 마음에 잠 못 이루며 기도를 드렸다.

"아버지, 단 몇 시간의 결혼식 행사에 돈을 낭비하는 것이 얼마나 소모적인 일인가요? 차라리 그 돈을 모아 어려운 사람을 돕는다면 그게 더 가치 있는 일 아닌가요? 제가 잘못 생각하고 있다면 가르쳐 주세요."

하나님은 내 기도를 들으시고 조용히 말씀하셨다.

"요셉아, 네가 방금 말한 것들이 틀린 것은 아니란다. 하지만 옳은 것이 다 내가 기뻐하는 것도 아니란다."

"네? 옳은 것이 다 하나님의 뜻이 아니라고요?"

"많은 사람들이 옳고 그름에 목소리를 내지만, 내가 원하는 것은 그것 너머, 아비의 마음을 구하고 순종하고 행동하는 것이란다. 너도 결혼을 준비하면서 아버지의 마음을 구하지 않았니?"

그랬다. 나는 결혼을 준비하며 아버지의 마음을 구했었다. '내가 결혼을 하고 아이를 낳으면 그때는 아버지로서 하나님의 마음을 조금 더 알 수 있겠지'라고 고백했었다.

하지만 그것은 지금이 아니라 막연한 미래에 속한 일이었다.

하나님은 언제 어디서나 '지금의 모든 상황에서' 당신의 마음을 구하라고 말씀하셨다.

"네 아내가 될 명경이의 인생, 그 삶을 가만히 생각해 보렴."

다시 무릎을 꿇고 '지금의 아버지의 마음'을 구했다. 그러자 내 안에 명경이의 마음과 그녀의 지난 삶들이 마치 슬라이드 필름처럼 스쳐 지나갔다. 그제야 딱딱하게 굳어 있던 내 마음이 어느새 부드러워진 것을 알 수 있었다.

"요셉아, 같은 남자라도 네가 신랑의 입장이 아니라 돌아가신 명경이의 아버지라면 그래도 지금 같겠니? 네 딸에게 너는 어떤 결혼식을 선물해 주고 싶니?"

하나님의 이 질문에 어느새 난 명경이의 아버지가 되어 있었고, 아버지의 마음이 내게 부어지자 주체할 수 없을 만큼의 눈물이 쏟아지기 시작했다.

명경이는 고등학교 때, 교통사고로 아버지를 잃었다. 그

후 십 년이 넘는 세월 동안 그녀가 보낸 시간들이 어떠했는가…. 그녀는 그 외롭고 그리운 시간들을 지나 이제 사랑하는 사람을 만나 결혼하게 되는 것이다.

내가 만약 명경이의 아버지였다면 그동안 명경이가 홀로 어떻게 자랐을까 궁금해하며 멀리서 찾아온 친인척들에게 보여 줄 내 딸의 행복한 모습만을 고민하지 않았을까? 아빠가 없는 긴 시간 동안 밝게 자라 준 내 딸에게 어떻게 하면 모든 사람에게 가장 축복받을 수 있는 아름다운 결혼식을 선물해 줄 수 있을까, 그것만을 고민하지 않았을까?

명경이에게 이 결혼식은 큰 격려와 위로가 될 것이다. 그것은 명경이의 아버지가 가지셨을 마음 이전에 하나님 아버지께서 당신의 자녀에게 주기 원하시는 위로이며 기쁨이리라.

나는 하나님이 깨닫게 해주시기 전까지는 옳고 그름을 분간할 수 없는 나약한 사람임을 고백하게 되었다. 그러나 내가 아버지의 마음을 구할 때마다 그분은 당신의 마음을 나누어 주셨다.

그날 이후 우리의 결혼 준비는 물 흐르듯 진행되었다. 결혼 준비를 거의 끝낼 무렵까지도 나는 아버지의 마음을 묻고 또 물었다.

신혼집이 초막이어도 궁궐이어도 상관없을까

노트북을 메고 명경이와 함께 성남시 구석구석을 걸어 다녔다. 우리가 결혼한 후에 살 집을 알아보기 위해서였다. 며칠째 종일 걸어 다녔지만 도무지 우리가 살 만한 집이 보이지 않았다. 명경이는 그런 절망감 때문에 얼굴 가득 수심이 가득해 보였다. 어느새 어둑어둑 해가 저물어 저녁이 되었고 하루 종일 걸어 다녀 다리도 아파왔다. 나는 걸어 다니는 내내 명경이의 마음을 위해 기도했다.

나는 학교 앞 한 평 남짓한 고시원 방에서 3년이 넘는 시간을 보낸 적이 있다. 그래서인지 서울에서 다섯 번의 이사가 전혀 힘들지 않았다. 발 디딜 틈 없던 작은 방, 햇살 한 줄기 들어오지 않던 지하 방, 반년이 넘게 물이 새던 방…

어느 곳이든 나는 감사했고 그곳이 내겐 천국이었다. 초막이든 궁궐이든 하나님 아버지께서 인도해 주신 집이라는 기쁨이 있었다. 하지만 명경이는 가족과 처음 떨어져 사는 신혼집이라 기대가 컸던 만큼 실망도 컸던 모양이다.

서울에서 이사를 할 때마다 내게는 하나님의 인도하심에 대한 간증이 있었다. 곰팡이가 가득 핀 집에서 살던 때의 일이다. 이사한 첫날부터 천장에서는 물이 뚝뚝 떨어졌고 벽은 새카맣게 곰팡이로 물들어 있었다. 그런데 내가 계약을 파기하면 여러 사람의 상황이 어려워질 것 같아 그대로 이사를 진행했다. 그러나 이 문제는 좀처럼 해결되지 않았다. 그래서 석 달이 넘도록 이삿짐을 풀지 않고 간이책상에서 작업을 했다. 그 후 장마 때는 방에 물이 들이닥쳤다. 그래서 불쌍한 수재민을 도와주러 온 교회 청년들과 함께 물을 퍼내고 장판을 뜯어내고 시멘트 바닥에서 몇 달을 생활했다. 방수공사를 하고 도배를 했지만, 다시 천장에서는 물이 뚝뚝 떨어졌고 온 집이 곰팡이로 물들어갔다. 나는 검게 물들어가는 벽을 바라보며 읊조리듯 이렇게 기도했다.

"아빠, 하늘 아래 바람 부는 곳에서 살고 싶어요."

하지만 이내 기도를 바꾸어 버렸다.

"아니에요. 저는 지금도 이곳에서 살아가는 게 충분히 감사해요."

왜냐하면 하나님이 거하시는 곳이기에 도리어 내게 과분하단 생각이 들었기 때문이다. 그러다가 얼마 뒤 다시 이렇게 기도드렸다.

"하나님은 내 아빠이시니까, 내가 힘들 때 함께 힘드시죠? 그러니 아버지께서 하고 싶으신 대로 하세요."

기도를 끝내고 잠시 후 한 선배에게서 연락이 왔다.
"조금 전에 하나님이 네 기도를 하게 하셨어. 너 혹시 지하에 살고 있지 않니? 네가 빨리 이사 가길 바라신다는 감동이 있었어."
"응? 어디로?"

"하늘 아래 바람 부는 곳으로!"

내 기도의 토시 하나도 놓치지 않고 들으시는 나를 향한 아버지의 지극한 그 사랑…. 그래서 나는 정말 한강대교가 내려다보이는 하늘 아래 바람 부는 곳으로 이사하게 되었다. 처음으로 초인종이 있는 집에 살게 되어 혼자서 딩동딩

동 버튼을 눌러 보며 씨익 웃어 보기도 했다. 이사하는 과정이 얼마나 흥미로웠는지 모른다. 나중에 알게 된 사실인데 무당이 살던 집이라 싸게 나온 집이었다. 그 후로 이 집에는 밤새 기도와 찬양이 가득했다. 전에 어떤 용도로 사용된 집이었는지 무색할 만큼 날마다 예배가 끊이지 않는 아름다운 공간이 되었다.

하나님이 내 기도에 귀 기울여 주시고 응답해 주셨기 때문에 그분은 신실하신 분이며 이전보다 나를 더 사랑하시는 것인가? 아니다. 나는 비 새던 그곳에서 얼마나 기뻐하고 찬양했는지 모른다. 그 습기 가득한 방에서 하나님이 내게 가르치신 것은, 어느 곳이든 하나님과 함께하는 곳이 궁전이며 보이는 상황과 관계없이 하나님은 나를 최고의 사랑으로 사랑하신다는 것이었다. 왜냐하면 하나님은 내가 아직 죄인 되었을 때, 그리스도께서 나를 위해 죽으심으로 그 사랑을 확증하셨기 때문이다(롬 5:8).

이미 당신의 사랑을 보이신 분에게 내가 과연 무엇을 더 요구할 수 있을까? 그 사랑을 우리가 얼마나 많이 누리느냐를 확인하는 척도는 좋은 대학, 연봉 높은 직장, 햇볕이 드는 아늑한 거실 같은 것이 아니다. 그것은 아무 공로 없지만 우리에게 은혜를 비추시는 그분의 전적인 은혜 때문이다.

사람과 사람이 만나 행복하려면

신혼집에 대한 기대가 컸던 만큼 실망도 컸던 명경이와 함께 지친 몸으로 한 카페에서 쉬기로 했다. 나는 잠시 화장실에 다녀오겠다고 말하면서 가방에서 노트북을 꺼냈다. 며칠 동안 후배와 함께 프로포즈를 하기 위해 동영상을 만들어 두었기 때문이다. 노트북과 함께 이어폰을 꺼내 귀에 꽂아 주고 자리를 피했다.

나는 이벤트에 약하다. 차라리 일상을 이벤트처럼 진심으로 상대를 대하는 것이 더 수월하다. 처음으로 준비한 작은 이벤트에 나는 진심을 담았다. 내가 결혼하기 두려워했던 이유와 채울 수 없는 인간의 탐심과 그 허기를 해결해 주실 수 있는 분은 바로 하나님이심을, 그리고 하나님은 우리 아버지이심을 말했다.

청혼을 하며 보혈을 말하는 것이 전혀 어울리지 않을 것 같았지만 그게 내 진심이었다. 주님이 붙들어 주시지 않는다면 결코 사람과 사람이 만나 행복할 수 없을 것 같았기 때문이다.

영상이 끝날 즈음, 카페 문을 열고 들어가니 명경이의 눈가가 촉촉하게 젖어 있었다. 나는 준비한 목걸이를 목에 걸어 주었다. 너무 작아 잘 보이지도 않았지만, 이 작은 보석을 생산하기 위해 엄청난 양의 바위를 캐내야 한단다. 태어나서 처음 사 본 다이아몬드 목걸이였다. 결혼하기 전까지 나는 명경이에게 이벤트 한 번, 기념일 한 번을 챙겨 준 적이 없었다. 일 중독자처럼 하나님의 나라를 꿈꾸었던 나는 말 그대로 빵점짜리 남자친구였다.

내가 전한 작은 진심에 명경이는 미소 지으며 눈물 흘리며 고개를 끄덕여 주었다.

프로포즈
이야기

사랑하는 명경이에게

이렇게 너와 가정을 이루게 되는구나.
결혼을 준비하면서
어른이 되어 간다는 것이
참 힘겨운 일이구나를 깨닫게 돼.

인생은 고해라는 말처럼
힘겨운 것은 말 그대로 힘겨움이지만
이 속에서도
우리 감사하고 기뻐하고 사랑하자.

내가 언젠가 이야기했지?
네가 아무것도 가진 게 없다고 할지라도
네가 기쁘면 내가 기쁘다고.
그것은 무엇을 이룬 사실 때문에 기쁜 게 아니라
네가 기뻐하는 모습이 그저 기쁜 거야.

오빠는 결혼을 준비하며 몇 가지 고민이 생겼단다.
그것은 가장으로서의 책임 때문에
하나님의 기쁘신 소원을 놓아 버리면 어쩌나 하는 거였어.
그런데 기도하는 중에 다시 깨달은 것은
먼저 그의 나라와 그의 의를 구할 때
하나님은 내게 필요한 것을 주신다는 거야.
왜냐하면 말씀에서 약속하셨기 때문에 그렇게 믿어.
물론 죄성 때문에 우리 안의 탐심을 다 채울 수는 없겠지만….
그래서 깨어진 가정이 얼마나 많을까.
하나님이 얼마나 마음 아파하실까.

하나님이 우리를 부르신 이유를 생각하면 가슴이 두근거려.
우리가 사는 이유가 돈을 많이 버는 것이라면
한 번밖에 살지 않는 우리 인생이
그저 화장실 넓히기 위해 존재하는 것이 되잖아.
큰 집에 가보면 화장실이 세 개, 네 개 되니까 하는 말이야.
자유하고 누리되 축복을 이 땅의 것으로만 생각하지 말자.
이 땅에선 무명하나 하늘나라에선 유명한 자가 되고 싶어.
부요하신 이로서 우리를 위하여 가난하게 되신 예수님처럼
살고 싶어.

하나님께서 주시는 어떤 것에도 우리 감사하자. 기뻐하자.
왜냐하면 완전히 선하신 하나님이
우리에게 셀 수 없이 많은 감사의 이유를 주셨잖아.
그중에 지금 가장 감사하는 제목은 바로 너란다.

사랑하는 명경아
오빠가 말했었지?
이 모든 과정을 통해 네가 행복했으면 좋겠어.
그리고 우리를 보시고 하나님이 정말로 기뻐하셨으면 좋겠어.

우리 기뻐하고 감사하고 사랑하자.
네가 슬프면 나도 한없이 슬프고
네가 기쁘면 나도 한없이 기쁘단다.

가진 게 없어서
가구 놓을 자리 하나 제대로 못 만들어 주는데
비 오는 날마다 우산을 잃어버리는데
식사량이 많지 않아서 항상 음식을 남기고 잔병치레나 하고
이벤트도 한 번 안 해 준 나를 사랑해 줘서 고마워.
너로 인해 오빠의 생이 얼마나 풍요로운지 모르겠다.

명경아, 사랑해.
이런 나와 결혼해 주겠니?

_ 사랑하는 요셉 오빠가

나 지금 두근거리는 걸 억지로 참고 있어

함께 집을 보러 다닌 다음 날, 명경이에게 메일이 왔다.

"오빠, 나 그날 밤, 기도하면서 회개했어요. 입으로는 늘 이런 기도제목을 간구해 왔어요. '아버지, 이 땅을 살면서 눈에 보이는 축복보다는 하늘의 소망과 축복을 구하며 살고 싶어요'라고요. 하지만 지난 며칠 동안 분명히 깨달았어요. 내가 얼마나 욕심 많은 사람인지, 얼마나 잠재된 악으로 가득한 사람인지… 하나님이 분명히 알게 해주셨어요."

명경이는 그동안 수없이 고백했던, 그리고 찬양했던

"주님 한 분으로 나는 만족합니다"라는 말을 자신이 얼마나 주문처럼 말했는지, 얼마나 피상적으로 대했는지를 생각했단다. 그 메일은 실제로는 주님 한 분만으로는 부족했고 가지지 못한 것에 대해 불평했던 것을 회개하는 내용이었다. 거울로 보듯 자신의 진짜 모습을 본 후, 그 고백이 어떤 것을 말하는지 조금 알게 되었다는 것이다.

메일 끝에는 "이제 우리가 어디에 살든지, 그곳이 궁궐이든 초막이든 아무 상관없이 감사하다"라는 고백이 적혀 있었다.

사실 신혼집을 놓고 기도드렸을 때 주님은 이미 우리가 살 곳을 예비해 놓으셨다는 감동을 주셨다. 하나님이 우리에게 예비해 놓으셨다면 그곳은 아마도 내 기준이 아니라 아내의 기준일 것 같다는 생각이 들었다. 그래서 아내에게 물었다.

"명경아, 넌 어떤 집에서 살고 싶었어?"

"작은 거실이 있다면 소파를 놓고 싶었고, 주방이 있다면 작은 식탁을 놓고 싶었는데… 이젠 아무래도 괜찮아."

이런 대화를 나누고 몇 시간 뒤에 아내가 다니던 회사 직원이 급히 집을 내놓게 되었다. 몇 개월 전에 결혼해서 신혼집을 꾸렸는데 급한 이유로 이사를 가야 한다는 것이었다. 문득 하나님이 예비해 놓으신 집이 혹 그곳은 아닐까 하는 생각이 들었다. 그래서 당장 그 집을 보러 갔다. 명경이와 함께 일주일간 수없이 집을 보러 다녔지만, 언덕 위에도 지하방에도 우리가 살 만한 곳은 찾을 수 없었다. 그런데 갑자기 매물로 나온 회사 동료의 집은 바로 하나님께서 우리에게 예비해 놓으신 그런 집이었다. 바로 몇 시간 전에 명경이가 내게 말했던 그 작은 거실과 주방이 있는 집이었다.

급히 나온 집이라 우리가 모은 돈으로 그 집에 들어갈 수 있었고, 이미 수리와 도배며 장판과 장식이 다 되어 있는 준비된 공간이었다. 말 그대로 몸만 들어가면 되는 꿈의 집이었다. 집을 보고 나오는데 흥분해 있어야 할 아내의 표정이 생각보다 담담해 보였다.

"어때?"

"오빠, 나 지금 두근거리는 걸 억지로 참고 있어."

마구 웃으면 이 행복이 떠나 버릴 것 같아서 참고 있다는 아내의 순진한 대답에 나는 웃음이 터졌다. 아내의 표현대로라면 가슴이 비정상적으로 쿵쾅거리고 있단다. 고등학교를 졸업하고 집안 형편상 도저히 대학에 갈 수 없을 것 같았는데, 어느 날 어머니가 등록금이라고 돈을 내미셨을 때도 이렇게 가슴이 쿵쾅거리며 방망이질 쳤단다. 마치 그때처럼 태어나 두 번째로 쿵쾅거리는 그 두근거림, 그것은 바로 하나님이 내 삶을 들여다보시고 간섭하실 때 느끼는 기분이 아닐까. 우리는 집 모퉁이를 돌아 길 위에 서서 함께 기도했다.

"저희는 땅 위에 살고 있는 연약한 사람입니다. 생애 두 번째의 쿵쾅거림조차 얼마 가지 못할 것임을 잘 알고 있습니다. 저희의 지난 경험이 증명해 주듯 새 학용품, 새 옷, 새 텔레비전, 새 자동차가 그러했듯 모든 것은 시간이 지나면 우리에게 익숙해지고 말 것입니다. 기억해야 하는 것은, 잊지 말아야 하는 것은 오늘의 감사와 아버지의 신실하심입니다."

무엇이 손에 쥐어지든 그렇지 않든, 이 감사를 우리 생애 가운데 늘 한결같이 고백할 수 있기를 어두워진 밤길 위에서 기도했다.

서로 다름을 인정할 때까지 기다려야 했다

이사를 마치고 결혼 준비를 거의 끝낼 무렵이었다. 신혼집에 놓을 가구들을 사기 위해 명경이와 함께 이것저것을 골랐다. 사실 나는 별 취향이랄 게 없다. 굳이 내 취향을 말하자면 신혼 때는 가장 가볍게 있고 싶었다. 가벼우면 언제 어디로 떠나도 편한 마음가짐을 가질 수 있을 것 같아서이다. 하지만 지난번에 하나님께 배운 대로 내가 옳다고 생각하는 것만을 주장하지 않기로 마음먹었다. 그래서 신혼집에 쓸 물품을 골라야 한다면 가능한 명경이의 취향을 따라주려고 애썼다.

명경이는 물건 하나하나를 고르며 즐거워했고 나는 기뻐하는 그녀의 표정에 따라 함께 기뻐했다. 특별히 예단 같은 것을 준비하지 않기로 하니 생각보다 결혼 준비가 쉽게 끝났다. 마지막 물건까지 계산을 마친 우린 기분 좋게 각자의 집으로 헤어졌다. 그런데 하나님은 명경이와 함께 이 말을 나누길 원하셨다.

"오늘 고른 가구들은 네가 좋아하기 때문에 내가 좋은 것이다."

즉, 오늘 고른 가구들은 내 취향이 아니라 네가 좋아하기에 나도 좋다는 뜻이었다. 하나님은 내가 이 말을 명경이에게 하지 않으면 그녀가 나에 대해 오해하며 살게 될 것이라 말씀하셨다. '오빠는 이런 취향과 이런 특징을 가진 물건과 가구를 좋아하는구나'라고. 하나님은 그것이 아니라고 말해야 한다고 하셨다. 「화성에서 온 남자 금성에서 온 여자」라는 책 제목처럼 서로 다른 별에서 살아온 사람이 만나 함께 살아갈 때 알아야 할 가장 기초는 서로가 다르다는 것을 깨달아야 한다는 것이었다. 난 심각하게 고민했다.

'이 말을 전하면 명경이의 마음이 상할 텐데, 자존심이 상할 텐데….'

화내는 것이 당연하다. 둘 다 좋아하는 취향이라고 구입을 했는데 이제 와서 나는 아니라고 발뺌하게 되는 셈이니 말이다. 한참을 망설이다가 결국 순종하여 그녀에게 이 말을 전했다. 수화기 너머로 긴 정적이 흘렀다. 그리고 하루 종일 아무 연락이 없었다. 마음이 많이 상한 모양이었다. 처음 있는 일이었다. 내 속이 새까맣게 타들어갔다.

나는 비교적 사과가 빠른 편이다. 그래서 당장에 전화를 걸어 "내가 잘못했어. 미안해"라고 사과하고 싶었다. 하지만 하나님은 내게 기다리라고 말씀하셨다. 기다리는 것은 사과해서 관계의 어색함을 무마시키는 것보다 더 고된 일이며, 무엇보다 명경이에게는 이 문제에 대해서 생각하고 이해하고 납득할 만한 시간이 필요하다는 것이다. 잘못한 일에 사과하는 일은 옳지만, 지금처럼 서로가 다르다는 것을 알게 될 때는 상대방이 그 사실을 깨닫기를 기도하며 기다리라고 하셨다. 그렇게 애를 끓으며 기다리고 있을 때, 하나님은 말씀하셨다.

"사랑의 속성 중 하나가 바로 기다림이란다. 네가 지금 속이 타들어가듯 기다리고 있는 것을 안단다. 네가 결혼을 준비하며 내 마음을 구했잖니? 나는 이 기다림으로 지금도 수많은 영혼들을 기다리고 있단다."

그때 나는 주체할 수 없을 만큼 울었던 것 같다.
"그렇구나. 사랑의 속성 중 하나가 기다림이었구나. '사랑은 오래 참고 사랑은 온유하며….' 이런 아픔과 절절한 마음이 아버지의 마음이었구나. 당신의 자녀들이 돌아오기를 기다리는 고통스러운 이 마음이 곧 아버지의 마음이었구나."

기다림은 너무 힘들지만 우리는 그 기다림의 시간을 기도로 채워야 한다. 전전긍긍하는 시간은 그저 땅에 뿌려질 뿐이지만 내가 그 사람을 위해 기도한 모든 시간은 하나님께서 거두실 것이기 때문이다. 만 하루가 지나기 전에 명경이와 난 지구별에서 다시 만났고 우리는 서로에 대해 더 많이 알게 되었다.

너와 나, 함께 살아가는 인생이 되다

결혼식은 내 생애에 가장 낯설고도 아찔한 경험이었다. 나는 사람들 앞에 서는 기회를 가능한 한 거절하는 편이었다. 교회에서 연극이라도 해야 한다면 내가 맡았던 역할은 돌이나 나무 역할이었다. 참여는 하지만 주로 대사나 몸짓이 없는 역할을 담당해 왔다.

십여 년 전, 어느 TV 토크쇼에 출연했을 때의 일이다. 담당 작가와 사전 인터뷰를 했으나 나는 본 녹화에서 사전 인터뷰와 다른 이야기를 이어갔다. 담당 작가는 왜 정해진 멘트들을 하지 않았느냐고 내게 따져 물었다. 그때 내가 나와 관련된 이야기들을 말하지 않은 이유는 내 자랑이나 의가 되진 않을까 하는 두려움 때문이었다. 녹화를 마치고 며칠 뒤에 네팔로 촬영차 비행기를 탔는데 하나님은 그 부분을 지적하셨다. 내 자랑이나 의가 될까 봐 이야기하지 않은 것들 때문에 하나님과 내가 보낸 수많은 시간이 감추어진다고…. 나는 울면서 주님께 고백했다.

"내 기질과 체질과 맞지 않더라도 주님이 원하시면 나는 그것을 말하겠습니다."

그 뒤로 많은 집회와 강연 요청을 한 번도 거절한 적이 없다. 하지만 그렇더라도 내가 스스로 주인공이 되어 사람들 앞에 서는 일을 도모하진 않았다. 그런데 결혼식은 이런 내 기질과 정반대의 행사였다. 내가 주인공이 되어야 하는 이토록 낯선 자리라니!

신랑신부 입장이 선언되고 명경이와 손을 잡고 단상을 향해 걸어가는 순간, 주변에 있는 하객들이 자리에서 일어나 손뼉을 치며 축하해 주었다. 우리를 위해 찾아온 사람들…. 이 자리에서 만큼은 내가 주인공이 아니라고 부인하거나 겸손을 떨 필요가 없었다. 단상 저편에 예수님이 손을 벌리고 우리를 기다리시고 있는 듯해서 꿈속을 걷고 있는 것 같았다.

참석한 하객들은 평생 가장 기억에 남을 순간이었던 우

리 결혼식에 대해 천국의 잔칫날 같았다고 말해 주었다. 많은 동료들, 김우현 감독과 버드나무 식구들이 한자리에 했고, 그동안 함께 기도했던 사람들, 노숙과 앵벌이의 달인인 동생 두한이는 결혼식장에서 식권을 10장도 넘게 타내 사람들에게 뿌렸다고 자랑했다.

결혼식을 준비할 때, 예식장 직원이 하객은 몇 명이나 올 것 같냐고 예상 인원을 물었다. 나는 "50명이 올지 500명이 올지 모르겠다"고 대답했다. 담당자는 난감해 했으나 나는 정말 몇 명이 올지 예측할 자신이 없었다. 부모님은 결혼식이 잔치인 만큼 화환과 축의금은 받고 싶지 않다고 말씀하셨지만 결혼을 준비하며 현실적인 부담을 어쩔 수는 없었다. 그래서 그런 말을 명기하는 대신 아무 부담 없이 편하게 먹고 마시고 즐기고 가시라고 초청했다. 그 때문인지 내가 알지 못하는 사람들까지 정말 많은 사람들이 찾아왔다. 색소폰을 연주해 준 삼종 형의 축하연으로 부모님과 하객들이 일어나 예식 도중에 함께 어깨를 들썩이며 춤을 추고 기쁘게 웃었다. 하나님이 주최하신 정말 축제 같은 날이었다.

주례 설교는 청년 시절 멘토였던 이관형 목사님이 맡아 주셨다. 야베스가 하나님 앞에서 존귀한 사람이 될 수 있었던 비결이 설교의 내용이었다. 야베스의 이름은 수고, 슬픔,

고통이라는 뜻을 지녔지만, 그가 드렸던 기도에 하나님이 응답해 주셨을 때, 그는 하나님과 사람에게 존귀한 자가 되었다는 것이다.

우리 인생이 아무리 절망적이어도 하나님이 살게 하시면 우리는 살 수 있다. 혼자 살아가던 인생이었는데, 이제 함께 살아가는 인생이 되었다. 결혼은 복된 날인 동시에 가장 크고 위대한 모험을 떠나는 출발점이다. 여러 난관과 수많은 장애물이 우리를 기다리고 있겠다는 생각에 예식 내내 마음의 소원을 주님께 간절히 올려드렸다.

> "주님, 저희 지경을 넓혀 주세요. 그저 물리적인 땅을 넓히는 것이 아니라 모든 한계를 넘어서서 병들고 어두운 시대 가운데서 우리를 살게 해주세요. 여호수아의 고백처럼 오직 나와 우리 가정은 여호와를 섬기길 원합니다(수 24:15). 주님이 우리 가정의 주인이 되어 주세요."

신혼여행, 함께할 세상을 넓히다

우리는 결혼식을 마치고 통장을 비운 채 유럽으로 신혼여행을 떠났다. 시간도 비용도 부담스러운 여행이었지만, 나는 아내에게 더 넓은 세상을 보여 주고 싶었다. 보석 하나를 선물하는 것보다 책 한 권이, 그리고 함께하는 여행이 더 좋은 선물이라 믿었기 때문이다.

결혼을 준비하며 서로의 이해가 맞지 않는다고 생각했을 때, 하나님은 서로 간의 결정에 차이가 나는 이유 한 가지를 말씀해 주셨다. 나의 선택이 여러 모로 옳은 것 같고 상대의 의견이 틀린 것 같아 보여도 그것은 상대에게 책임이 있는 것도, 전적으로 틀린 것도 아니라고 말씀해 주셨다. 모든 결정은 각자의 경험과 세계관을 토대로 만들어지기에 그 사람으로서는 그렇게 선택하는 것이 최선일 수밖에 없다. 그렇다면 다른 선택이 가능하기 위해서는 내 주장만을 강요할 것이 아니라, 함께 살아가고 경험하면서 새로운 세계관과 보다 넓은 경험을 가져야 한다. 그러면 기존의 가치관으로는 변하지 않던 선택과 결정들이 폭넓은 경험과 이해를 통해 자연스레 바뀔 것이다. 이 신혼여행이 바로 그 이해의 폭과 넓이를 만들어 가기 위해 결정한 여행이었다.

나는 사진작가라서 애쓰지 않아도 늘 세상 이곳저곳을 돌아다니면서 살았다. 하지만 아내는 사는 게 벅차 여행 한 번 제대로 간 적이 없었다. 내가 느낀 것을 함께 나누고 싶은 바람으로 떠난 여행에서 아내는 낯설고 새로운 세상을 만났다.

우리는 지칠 틈 없이 새벽부터 밤까지 낯선 거리를 누볐다. 여행은 쉽지 않았다. 빵 한 조각으로 끼니를 때우거나 기차 안에서 새우잠을 자거나 20킬로그램이나 되는 커다란 배낭을 짊어지고 부지런히 걸어야 했다. 하지만 아내는 한 번도 웃지 않은 적이 없을 정도로 즐거워했다.

우리는 매일 아침마다 함께 손을 모으고 기도드렸다. 결혼하기 전에는 주님과 나 둘만의 동행이었다면 결혼은 주님과 우리 부부 셋의 연합을 만들어냈다. 우리는 그 연합을 더욱 든든히 하기 위해 매시간 함께 기도하고 찬양했다.

"신혼여행으로 이곳에 왔지만 이 시간도 저희의 것이 아닌 하나님의 것입니다. 우리를 사용해 주세요."

우리는 빌립보서 2장 13절의 말씀처럼 신혼여행 속에서도 주님의 기쁘신 뜻을 위하여 우리에게 소원을 주시고 우리를 통해 그분의 뜻을 이루시기를 소원했다. 그리고 하나님이 하실 일들을 기대하며 기다렸다. 그것이 여행의 흥을 느끼는 것이든 단순하게 쉼을 누리는 것이든 주님께서 이루실 뜻이 펼쳐지기를 기도한 것이다. 그 기도 중에 하나님은 수많은 씨앗을 심으셨고 열매를 보게 하셨다.

한번은 베네치아에서 묵었던 숙소 주인에게 한국에서 가지고 간 신앙서적들을 선물했다. 그리고 그것을 계기로 함께 말씀을 나누고 기도를 드렸는데, 주님은 그 기도를 통하여 그를 감동시키셨고 온전히 회복시키셨다. 그는 펑펑 울면서 고맙다는 인사를 전했다.

하루는 여행 도중 노조에서 열차 파업을 하여 계획한 모든 일정이 취소되었다. 그래서 대신 볕 좋은 카페에 하릴없이 앉아 커피를 마시며 하나님께 편지를 썼다. 발신과 수신에 각각 우리의 이름과 주소를 적었다. 그 편지는 우리가 여행을 마치고 집으로 돌아온 후, 다시 일상을 살아갈 때 받게 될 편지였다.

<u>하나님 아빠에게</u>

펜으로 편지 쓰는 건 오랜만이에요. 서로에게 귀한 남편과 아내를 주셔서 감사드려요. 또 신혼여행을 통해 눈으로 보고 귀로 듣고 가슴으로 느끼는 시간을 선물해 주셔서 감사드려요. 이곳에 처음 도착했을 때는 모든 게 신기하고 낯설었는데 어느새 익숙해져 버렸네요. 아마 모든 것이 그렇겠지요? 주신 집도 옷도 먹을거리들도. 그러나 저희가 끝까지 감사하며 살게 해주세요. 우리 가정의 주인, 아빠가 되어 주세요. 사랑해요. 다른 무엇보다 사랑해요.

노천 카페에서 당신의 자녀들로부터

사람은 누구나 자신의 경험 안에서 사고하고 판단한다. 이것을 나쁘다고 할 수는 없지만 나는 할 수만 있다면 그 틀이 넓어지기를, 부부라는 이름으로 우리 생각의 틀이 차츰 같은 방향으로 더욱 커져 가기를 소망한다. 하나님이 선물해 주신 이 신혼여행은 우리가 함께 할 세상을 넓히는 여정의 작은 시작이 될 것이다.

Chapter 2

처음부터 남편이고 아내였던 사람은 없다

누군가 우스갯소리로 말했다
예수님을 사랑하려면 혼자 살아가야 하지만
예수님을 닮아가려면 결혼을 해야 한다고
남편이 된 이후로 나는 철저히 흔들려야만 했다

이리저리 흔들리고 흔들리다

혼자 지낼 때 쉬는 시간을 줄이고 끊임없이 작업하던 패턴이 있어서 나는 짧은 수면이라도 깊이 자고 싶었다. 게다가 수면무호흡증상도 있어서 잠을 자도 늘 피곤했다. 그래서 나름대로 숙면을 취하고 싶어 언제부터인가는 수면안대를 끼고 잠들었고 잠들기까지 조용한 음악을 들어야만 했다.

　결혼을 하고도 한동안 귀에 이어폰을 끼고 자거나 수면안대를 착용하고 잠들곤 했다. 하지만 혼자 살 때의 여러 습관을 바꾸어야 한다는 것을 잘 알았기에 잠들 때 외부 불빛에 예민한 부분은 암막커튼을 설치하는 등 함께 살아가는 환경을 만들기 시작했다.

　그런데 이런 외부적인 환경을 바꾸는 것보다 더 쉽지 않은 것은 눈에 보이지 않은 것들이었다. 이미 뿌리내린 생각이나 자의식, 습관을 바꾸는 것은 생각처럼 쉽지 않았다.

언젠가 촬영하고 있을 때, 곁에 있던 친구가 "와, 지금 좋다. 지금 사진 찍으면 좋을 것 같아"라고 말했다. 나는 사진을 찍으려다 그 말을 듣고 순간 셔터 누르기를 멈추어 버렸다. 친구의 말을 듣고 사진을 찍으면 그 사진은 온전히 내가 찍은 사진이 아니라는 생각이 들었기 때문이다. '이건 내 사진이다'라는 자의식이 잔뜩 깔려 작가라면 마땅히 자기 사진을 찍어야 한다고 여겼기 때문이다. 그 밤에 주님은 나를 책망하셨다.

"네가 찍는 사진이 과연 너의 것이냐?"

그전까지 수없이 고백했었다.

"내 사진은 내 것이 아니라 주님의 것입니다."

주님의 것이라 고백했지만 이런 상황들 속에서 실제로는 주님의 것이 아니라 내 것이었다. 하나님은 만일 그것이 하나님의 나라를 위해 사용된다면 친구의 말이 아니라 갓난아이의 말이라도 겸손하게 듣고 그것에 순종할 것을 말씀하셨다. 작가적 성향까지도 내려놓을 것을 말씀하셨다.

이런 자의식과 습관들이 신혼여행 중에도 여전히 남아 있어서 아내가 속상한 적이 있었다. 함께 사진을 찍다가 아내가 내게 사진을 보여 달라고 했는데, 나는 "작가는 아무렇게나 사진을 보여 주지 않는다"고 말했다. 그때를 떠올리면 웃음이 나오지만 당시는 꽤 진지했다. 결혼하고 한 몸을 이루었다는 아내에게 나는 내가 기존에 살아오던 방식을 요구하고 있었던 것이다. 그것이 옳다고 여겼기 때문이다. 하지만 이후 나의 모든 기준과 방식은 주님 앞에서 이리저리 흔들려야만 했다.

바울서신을 보면 제사에 올려진 음식을 먹는 문제를 다루고 있다. 믿음이 약한 사람과 지식이 있다고 생각하는 사람 사이에서 줄다리기를 하던 바울은, 지식이 있는 사람의 손을 들어 준다. 하지만 정작 자신은 믿음이 약한 누군가를 실족하게 한다면 그 음식을 평생 먹지 않겠다고 말한다.

> "그런즉 너희의 자유가 믿음이 약한 자들에게 걸려 넘어지게 하는 것이 되지 않도록 조심하라" 고전 8:9

내 믿음은 누구의 것인가? 내 기준은 누구의 것인가? 내 자유는 누구를 위한 것인가? 과연 내가 주님 앞에 온전할 수 있는 날이 오기는 할까? 누군가 우스갯소리로 말했다. 예수님을 사랑하려면 혼자 살아가야 하지만, 예수님을 닮아가려면 결혼을 해야 s한다고.

남편이 된 이후로 나는 철저히 흔들려야만 했다.

인생에 '낭비'를 받아들일 것인가

결혼을 하고 매일 달라지기 시작했다는 말은 매일 주님의 십자가를 대했다는 말과 다르지 않다. 결혼 후에 나는 날마다 위기감을 경험해야만 했다.

나의 하루는 남들처럼 출퇴근시간이 없고 업무의 시작과 끝, 휴식시간이 분류되어 있지 않았다. 그래서 날마다의 시간이 작업의 연장이었고 나는 도무지 쉼을 알지 못하던 사람이었다. 그런데 날마다 혼자서 작업하며 자신만의 시간과 공간을 사용하던 사람이 이제는 아내와 함께 시간과 공간을 공유하게 되었다.

그런 의미에서 신혼 초의 시간은 내게 많은 것을 도전했다. 아내와 함께 있으면서도 나는 당장 책상에 달려가서 머릿속에 떠오르는 작업들을 진행해 나가고 싶었다. 하지만 당장 내가 작업을 해서 수많은 사람들에게 감동을 줄 수 있다 하더라도, 지금 주님이 내게 원하시는 것이 아내와 함께 시간을 보내는 것이라면 나는 그것에 순종해야 했다. 작업하고 싶은 마음을 꾹 누른 채 설거지를 하는 등 계속해서 아내의 옆자리를 지켰다. 당장 작업실에 틀어박혀서 무언가 생산적인 일을 해내고 싶었지만 주님이 내게 주시는 마음에 매번 순종했다.

작가로서 작업을 하다 보면 흐름이라는 것이 있어서 그것을 따라 작업해야 할 때가 많다. 그래서 내겐 여가시간이 없었고 쉼은 사치였다.

신혼 때는 작가로서 작업의 흐름이 끊어질 것 같은 위기감이 나를 힘들게 만들었다. 피아니스트가 하루를 연습하지 않으면 본인이 알고, 이틀을 연습하지 않으면 가족이 알고, 보름을 연습하지 않으면 관객이 안다는 말처럼, 나는 주님의 명령에 순종하면 순종할수록 작가로서의 긴장감과 흐름이 끊어져 가는 것을 느꼈다. 하나님이 기뻐하시는 작업을 계속 해나가고 싶은데 흐름이라는 작업의 요소가 깨어진다면, 나는 더 이상 무언가를 창출해 낼 수 없게 될 것이라는 두려움이 나를 짓눌렀다. 그러나 이런 내면의 무서울 만큼의 위기감에도 불구하고 나는 철저하게 주님이 주시는 마음에 순종하기로 마음먹었다. 사역과 작업을 그만두는 한이 있더라도 나는 사랑을 지속할 것인가? 그때 나를 지지해 주었던 말씀이 있다.

> "아내를 맞은 새신랑을 군대에 내보내서는 안 되고, 어떤 의무도 그에게 지우어서는 안 됩니다. 그는 한 해 동안 자유롭게 집에 있으면서, 결혼한 아내를 기쁘게 해주어야 합니다."
> 신 24:5, 새번역

나는 군사로서 더욱 진군하기를 원했는지 모른다. 하지만 이 말씀에 기대어 적어도 나는 일 년의 유예기간을 얻은 것이라 생각했다. 그 목적은 결혼한 아내를 기쁘게 해주기 위함이었다.

그 일 년을 보내는 동안, 나는 정말로 작업의 흐름을 놓쳐 버렸고 작가로서 감각과 의지마저도 놓아 버리게 되었다. 경제적인 논리로 보면 내 인생에 일 년이라는 커다란 누수가 생겨 버린 것이었다. 인생을 살아가는 이유가 개인의 자아성취라면 나는 무모하고 헛된 시간을 보낸 것이었다. 하지만 하나님이 내 인생을 통해 바라시는 풍성함이 있었다. 전도서 5장 18절은 이렇게 말하고 있다.

"우리의 한평생이 짧고 덧없는 것이지만, 하나님이 우리에게 허락하신 것이니, 세상에서 애쓰고 수고하여 얻은 것으로 먹고 마시고 즐거워하는 것이 마땅한 일이요, 좋은 일임을 내가 깨달았다! 이것은 곧 사람이 받은 몫이다." 새번역

원문을 직역하면 더욱 원초적이다. "그저 먹고 마시는 것보다 좋은 것은 없다"라고 말할 정도이다. 전도서의 저자가 그어 놓은 테두리인 하나님을 경외하는 삶 안에서, 모든 것이 헛된 이 생 가운데서 하나님은 생의 다채로움을 하나씩 가르쳐 주셨다. 모든 것이 헛되어 쉼조차도 무의미하게 여겼던 내게 하나님은 사람이 무엇인지, 쉼과 인생과 가족과 사람을 사랑하는 법이 무엇인지 가르쳐 주셨다. 그것을 통해 하나님의 마음이 어떠하신지를 말씀해 주셨다. 나는 여전히 하나님이 나를 통해 이루길 원하시는 일이 무엇인지 다 알지 못하고 그분이 원하시는 것을 다 이해할 수 없지만 그분을 신뢰함으로써 사랑을 연습해 나갈 것이다.

치열하게 사는 것이 하나님이 기뻐하시는 것이라면 그것에 순종하는 것이 옳지만, 지금 주님이 원하시는 것이 가정을 돌보는 것이라면 몸을 돌려 그것에 순종해야 한다. 또 가정을 돌보는 것이 모든 것의 우선순위라면 그렇게 하면 되지만 그 또한 우선순위가 아니다.

가장 우선순위는 지금 내게 하시는 하나님의 말씀에 귀 기울여 순종하는 것이다.

그래서 나는 결혼 후 일 년 동안 주님이 주시는 감동에 온전히 순종하려고 몸부림쳤다. 순종하는 일이 엄청난 문제나 사건을 해결하는 일이었다면 순종하는 것이 수월했을지 모른다. 하지만 그것은 정말 특별하거나 대단한 일이 아닌 평범한 일상을 사는 일이었기에 더욱 힘들었다.

나는 그 본을 예수님에게서 찾았다. 당시 팔레스타인 지방에는 풀어야 할 수많은 문제들이 있었다. 하지만 예수님은 하나님이 원하시는 오직 한 가지 일을 완전하게 순종하여 이루셨다. 그렇다면 나는 문제를 풀어내는 데 초점을 맞추는 것이 아니라, 하나님이 오늘 원하시는 일에 순종하면 되는 것이었다. 그런 의미에서 가장 우선순위는 주님의 음성에 순종하는 일이었다.

그것은 하루 동안의 시간을 평면 가운데 줄 세우고 하나님과 관련된 일을 하루의 가장 시작점에 둔 채 거룩한 일을 먼저 마쳐야 한다는 직선형의 진행방식으로 살아가는 삶이 아니라, 마치 아이들 머리맡에 걸어 두는 모빌처럼 모든 것의 중심에 하나님을 두고 균형을 맞추는 삶을 말한다. 하나님의 시선으로 그것을 바라보고 행하는 것을 의미한다.

그러면 하루의 모든 일상에 하나님과 관계되지 않은 일은 존재하지 않는다. 옳고 그름으로 말한다면 하나님과 관계하고 그 속에서 순종하는 것이 '옳음'이고 하나님과 상관없이 내가 옳은 것을 선택하는 것이 '그름'이다.

결혼을 하고 몇 년 후부터는 다시 해외 이곳저곳을 다니기 시작했다. 첫 아이가 태어난 지 100일 만에 한 달여 동안 아프리카를 다녀오기도 했다. 최근에는 네팔의 지진 현장에 머무르며 그 나라를 위해 기도했고, 한국에서 할 수 있는 여러 일을 모색했다. 이렇게 내가 타지에 나가서 빈자리가 생길 때마다 아내가 내게 해주는 말이 있다.

"당신 몸은 그곳에 가 있지만 당신 마음은 내 곁에 있다는 걸 느껴."

나는 이 말을 들을 때마다 내 진심을 알아주는 아내에게 고맙다. 물리적인 거리는 멀지만 심리적인 거리는 변함이 없다는 사실이 주는 안정감은 놀라운 것이었다. 하나님이 허락하신 유예기간은 결코 헛된 시간이 아니었다. 하나님이 아내의 마음에 쉽게 흔들리지 않은 신뢰를 심어 주셔서 우리는 더 긴 시간을 같은 마음으로 걸어갈 수 있게 되었다.

함께 살아가기 위해서는 신뢰와 사랑이 필요한데 그 자양분이 만들어지기 위해서는 소모적인 시간이 충분할 만큼 필요하다. 그것은 진정한 한 몸을 이루기 위한 거룩한 낭비가 아닐까.

사랑하면 다 된다, 다 된다고?

우리 가정에서 믿음의 실험으로 시도한 것들이 모두 성공적이었던 것은 아니다. 하지만 그 시도가 잘못된 것이라고는 생각하지 않는다.

나는 신혼을 시작하면서 아내와 함께 '월간 신앙점검표'를 만들었다. 내가 워낙 목표를 설정하지 않고 살아온 사람이라 가정을 이루고서는 보다 체계적인 점검표가 필요하겠다는 생각이 들었기 때문이다. 월간, 주간, 매일의 기도제목과 습관들을 목록으로 작성한 후, 서로의 사인을 받아 결재를 받고 냉장고 옆에 비치해 두고는 볼 때마다 생각하고 기도하기로 했다. 내 기질과는 맞지 않았지만 발전 가능한 가정을 만들어 보자는 취지였다.

결혼한 지 두 달이 지날 무렵 밤거리를 산책하다가 아내에게 물었다.

"명경아, 혹시 오빠에게 이렇게 했으면 좋겠다고 바라는 게 있어?"

아내는 잠시 고민하다가 조심스레 말했다.

"우리 월간 신앙점검표 만드는 거… 그런 건 안 했으면 좋겠어."

순간 당황스러워 웃음이 났다. 나름 야심차게 준비한 것이었는데 아내도 나처럼 이런 점검표가 답답하게 여겨졌나 보다.

"그래? 그러면 오늘부터 폐지."

그 뒤로 한 번도 점검표 따위는 우리 집에 걸리지 않았다. 대신 결혼한 후 우리만의 신앙의 궤적을 만들기 시작했다. 생각했던 것보다 아내와 나는 비슷한 부분이 많았다. 예를 들면, 계획적으로 일정을 짜서 움직이는 여행이나 중요하거나 유명한 장소를 구경하는 것보다 이름 모를 냇물에 발을 담그거나 해질 무렵의 빛 좋은 골목을 산책하는 따위를 선호했다. 그런 선호도는 기도를 할 때에도 마찬가지여서 일정에 없던 기도와 심방에도 불편해하지 않았고, 쉽게 동의하고 마음을 모아 주는 일이 많았다. 전체나 그룹보다는 한 사람을 만나 긴밀하게 이야기하고 연약한 한 사람이 회복되는 일에 누구보다 기뻐했다.

하나님의 마음을 중심으로 어떻게 하나님의 나라를 구현해 나갈 것인가는 각 가정마다 다르게 나타난다. 왜냐하면 하나님이 빚으신 사람의 모양과 성품, 자라온 환경이 모두 다르기 때문이다. 우리는 이것저것을 실험하며 우리 가정에 필요한 것과 폐기해야 할 것을 선택해 나갔다.

언젠가 외국에 있는 어느 선교사님의 필요를 전해 듣고 아내에게 급히 연락해서 얼마의 비용을 그분의 계좌로 보내 줄 것을 부탁했다. 아내의 대답에는 힘이 없었고, 집으로 귀가한 후에도 아내가 기운 빠져 있다는 것이 느껴졌다. 하지만 나는 무엇이 잘못되었는지 좀처럼 깨닫지 못했다. 그러다가 기도하던 중에 내가 옳다고 생각한 신앙의 결단을 아내에게 강요했음을 깨달았다.

나는 각각의 성도들이 하나님 나라에 유기적으로 연결되어 있다고 믿었다. 그리고 그 유기체들은 주님 안에서 한 가족이기에 내가 누군가의 필요를 채운다면, 공의로우신 하나님이 나를 어떻게든 길러 주실 것이라고 믿었다. 그것이 먼저 그의 나라와 의를 구하는 방법 중에 하나라고 생각했다. 그런데 나는 이런 이해를 아내와 전혀 공유하지 않은 채, 아내에게 기계적으로 송금할 것을 요구했다. 게다가 내가 선교헌금으로 부탁한 금액은 석 달 동안 아내에게 벌어다 준 액수였다. 그러니 살림을 하는 아내 입장에서 이것은 과도한 결정이었고, 비현실적인 신앙으로 느껴지기에 충분했다. 그럼에도 아내는 그런 나를 비난하지 않고 묵묵히 기다려 주었다. 이것을 깨닫고 나는 아내에게 이후로는 서로 마음을 합해 결정하겠다고 이야기했다.

홀로였을 때의 신앙과 선교에 대한 가치관도 가정을 이루면서 조정해 나가야 한다. 즉, 부부는 단순히 시간과 공간의 공유뿐 아니라 서로의 신앙적 색채까지 함께 점검하고 동의하고 교류해야 한다. 현안 과제들이 아무리 옳은 명분과 동기를 가진다 할지라도, 그것은 하나 되지 못한 마음 때문에 서로를 불편하게 하거나 다치게 할 만큼 중요한 문제가 아니다. 뿐만 아니라 자신의 신앙을 거절당하는 것도 아니고 기존의 가치관을 폐기하는 것도 아니다. 한 몸을 이루기 위해 필수적으로 조율해 가는 과정일 뿐이다.

부모 자식 간은 아무리 끊으려 해도 끊을 수 없는 관계이지만 남편과 아내 간은 그렇지 않다. 부부는 한 몸이라지만 서로 등을 돌리면 남남이 되어 버리는 가장 가깝고도 위태로운 사이이다. 부모와 자식은 서로 존중하지 않아도 지속될 수 있는 여지가 다분하지만 부부는 끊임없이 서로를 존중해야 하고 사랑해야 한다. "사랑하면 다 된다"는 말은 신혼의 아주 짧은 시기에만 통용되는 말이다.

우리가 살아가는 데 사랑뿐 아니라 인내해야 하고 용서해야 할 날들이 얼마나 많은가? "사랑하면 된다"라는 말이 인생 전체에 답이 되려면 사랑이라는 단어 자체를 다시 정의하고 이해해야만 가능하다. 사랑은 오래 참고 사랑은 온유하며 사랑은 성내지 않으며…. 그렇게 한 몸을 이루기 위해 서로를 존중하고 용납하고 용서해야 "사랑하면 된다".

믿음의 실험을 하려면 그래도 처음이 좋다

결혼을 하면서 출석해야 할 교회를 두고 고민했다. 내가 섬기던 교회는 교회 규모에 비해 청년들의 비중이 높은 교회였다. 매주일 청년들의 출석이 천 명이 넘을 정도였다. 나는 그 교회에서 새신자를 교육하는 리더를 맡고 있었고, 노숙하던 두한이가 이곳에서 함께 예배드리면서 청년들과 함께 기거하게 되었다. 함께 기도하고 사역하는 부류도 이곳에 있었으며, 더욱이 청년부를 담당하는 총괄목사가 친형이었다. 반면에 아내가 다니는 교회도 가족들뿐 아니라 가까운 친척들이 함께 출석하여 오랫동안 섬겨 온 교회였고 담임목사님은 아내를 딸처럼 챙겨 주셨다.

　나는 고민했다. 보통 결혼을 하면 남편이 다니는 교회에 아내가 따라 나오는 게 전통이라고 말하지만 과연 그것이 전통일까? 아내가 다니던 교회를 그만 가게 하는 것이 권위일까? 그보다는 전통주의와 권위주의에 가까운 게 아닐까? 그렇다면 아내에게 일방적으로 떠나라고 할 것이 아니라 나도 내게 익숙한 곳에서 떠나는 것이 어떨까?

우리는 아브라함이 익숙했던 친척 아비 집을 떠나 낯선 곳에서 믿음의 아비가 된 그림을 상상하며, 둘 다 자신에게 익숙한 환경을 떠나 낯선 곳에서 주님의 인도하심을 구하기로 마음먹었다. 그것을 놓고 아내와 함께 기도하며 찾은 곳이 유기성 목사님이 담임하시는 선한목자교회였다. 익숙한 사람들과 교회를 떠나 아는 사람이 한 명도 없는 낯선 교회에 출석했을 때, 과연 내가 옳은 선택을 한 것일까 고민했다.

신혼 초, 가끔 아내의 눈이 발갛게 충혈되어 있는 것을 보고 눈치를 살피곤 했다. 운 게 틀림없는데 도대체 이유를 찾을 수가 없어 미안했기 때문이다. 나중에야 아내한테 그 이유를 들었는데 낯선 환경이 외로워서 눈물을 흘렸단다. 처갓집이 멀어 외로울 때마다 달려가 위로를 받을 수 없었기에 주님 앞에 그 외로움을 쏟아놓을 수밖에 없었고, 남편과 함께 그 시간이 익숙해지기를 단련할 수밖에 없었다고 말했다. 그러나 결과적으로 아내는 그 시간을 통해 가정을 알아갔고, 하나님과 더욱 친밀해질 수 있는 계기를 만들 수 있었다.

그런 낯선 외로움과 설렘이 가득했던 신혼 초, 장을 보기 위해 아내와 함께 마트에 갔다. 우리는 딸기와 갈치를 들었다 놓았다를 반복하다가, 신혼집에 놓을 화분을 물끄러미 쳐다보다가 필요한 식재료만 사가지고 집으로 돌아왔다. 당시 우리 형편에 딸기와 갈치와 화분은 과분했기 때문이다. 그런데 다음 날 유기성 목사님의 아내되시는 박리부가 사모님께서 연락을 주셨다. 지나는 길에 잠깐 들르시겠다고 말이다. 선한목자교회의 새신자에 불과했던 우리는 이런 사모님의 갑작스러운 방문에 당황했다. 그런데 사모님의 손에 딸기와 갈치가 들려 있는 것이 아닌가. 사모님 댁에 손님이 딸기와 갈치를 들고 찾아오셨는데 필요한 사람이 있을지 몰라 기도하는 중에 우리 가정이 생각났고 지나는 길에 전해 주러 왔다는 것이었다.

당시 우리는 낯선 감정들과 싸우며 기도하고 있었는데, 사모님의 갑작스러운 방문으로 인해 하나님의 돌보심을 경험하고 감격하지 않을 수 없었다. 물론 익숙한 곳에 있다는 것이 하나님께서 당신의 은혜를 거두어 가신다거나 그곳에 당신의 계획이 없다는 것을 의미하지는 않는다. 하지만 최소한 내가 이상한 실험을 한 것은 아니었다는 위안과 안도가 들었다. 그것은 하나님께 의지한 발걸음들이 헛된 것이 아니라는 확증이었다. 사모님이 다녀가신 다음 날에는 지나는 길에 들렀다며 한 분이 찾아오셨는데 그의 손에는 화분이 들려 있었다. 아내와 나는 화분을 보고 한참을 웃었지만 영문을 모르는 그는 우리 부부의 웃음에 신기한 듯 함께 웃었다.

이왕에 믿음의 실험을 하려면 경험상 처음에 하는 것이 좋은 것 같다. 시간이 흐르면 어떤 형태로든 익숙해지고 길들여지는 것이 사람의 마음이라, 화석처럼 굳은 마음을 깨뜨리려면 처음보다 몇 배의 각오와 결단이 필요하기 때문이다.

> 믿음의 도전을 하기 위해서는 자신이 만들어 놓은 익숙함을 깨뜨려야 할 경우가 많다.

그래서 서로에게도 낯설고 위험부담이 크게 느껴진다. 하지만 신혼에는 상대적으로 모든 것이 처음이라 주님 안에서 이쪽저쪽으로 치우쳐 보며 그분의 일하심을 여러 경로로 경험해 볼 수 있을 만한 관용도가 넓다. 모든 시도가 성공적이지 않다 할지라도 수많은 경험치는 하나님을 경험하는 것뿐 아니라 서로를 이해하고 알아가는 기회와 과정이 될 것이다.

아버지의 뒷모습에서 나의 권위를 보다

아내는 결혼하고 일 년 동안은 세탁기 작동하는 법을 몰랐다. 세탁기에 빨랫감을 넣고 돌리는 일은 늘 내가 했고, 아내는 빨래가 다 되면 너는 일을 함께 했기 때문이다. 누가 시켜서 그런 것도 아닌데 자연스럽게 그때는 내가 빨래를 담당했다. 좁은 베란다에서 빨래바구니를 옮길 때면 우리 아버지 생각이 나곤 했다.

내가 태어나기 전에 아버지는 야학선생님으로 일하셨다. 그러던 어느 날, 친척의 보증을 잘못 서는 바람에 큰 빚을 지게 되었고 그 빚을 갚기 위해 아버지와 어머니는 정육점에서 오랫동안 힘들게 일하셔야 했다. 나를 낳고 산후 조리도 제대로 못하신 채 일을 하셔야 했던 어머니는 늘 몸이

안 좋으셨고, 그래서 집안일은 거의 아버지가 도맡아 하셨다. 빨래, 다림질, 식사 준비부터 설거지와 청소까지 모두가 아버지의 몫이었다. 아버지는 그렇게 집안일을 하시고 다음 날 아침이면 새벽같이 일어나 출근을 하셨다.

형과 내가 고등학교를 다닐 때, 아버지는 6년 동안 하루도 빠짐없이 학교에 데려다 주셨다. 아침잠이 많던 그때, 나는 30분 남짓 가던 아버지의 차안에서 늘 꿀잠을 잘 수 있었다. 어렸을 때는 이 모든 것이 당연하다고 생각했고 그렇게 고마워하지도 않았다. 아빠라면 남편이라면 당연히 해야 할 일이라고 생각했던 것이다.

내가 누군가의 남편과 아빠가 된 지금에야 그것이 얼마나 크고 대단한 일이었는지를 깨닫는다. 지금도 고향에 가면 아버지는 묵묵히 집안일을 하고 계신다. 내겐 이런 아버지의 모습이 전혀 낯설지가 않은데 며느리인 아내는 어쩔 줄 몰라 한다. 아내가 설거지라도 할라치면 아버지는 극구 말리시며 당신께서 궂은일을 다 맡아 하신다. 혹여 우리 부부가 먼저 잠이 들면 손자손녀들을 재우시고, 아침에 손자손녀들이 일찍 일어나면 우리가 깨지 않도록 녀석들을 돌봐 주신다.

이제 아내는 혼자서 세탁기를 돌리고 빨래를 널고 다시 개서 옷장에 넣는다. 나는 바쁘다는 핑계로 가사일을 게을

리했다. 아이들을 돌보고 요리도 하면서 아내는 집안일을 도맡아 하고 있다. 아무래도 나는 아버지의 반도 따라가기 힘들 것 같다.

나는 이만큼 커서야 아버지의 뒷모습을 보며 권위가 무엇인지 알게 되었다.

권위는 군림하는 것이 아니라 섬기는 것이라는 것임을! 예수님이 만왕의 왕으로서 자신의 권위로 종의 형체가 되어 당신의 백성들을 섬기신 것처럼.

남편의 권위란 무엇인가

"아내들이여 자기 남편에게 복종하기를 주께 하듯 하라 이는 남편이 아내의 머리 됨이 그리스도께서 교회의 머리 됨과 같음이니" 엡 5:22-23

성경은 많은 말씀을 통해 남자의 혹은 남편의 권위를 이야기한다. 나는 그 권위를 행사하기 위해 가족들에게 손을 얹고 기도하거나 가족구성원이 아프면 그것에 대한 책임을 가지고 회개하거나 선포한다.

"주님, 이 가정의 가장으로 저를 삼으셨는데 아내가 아픕니다. 제가 가장으로 그것을 책임지길 원합니다. 제가 온전히 서 있지 못함으로 인해 아이들이 연약합니다. 주님, 저를 긍휼히 여겨 주세요."

한국에서는 권위와 권위주의를 구별하지 못해 생기는 문제들이 많다. 권위가 대표성을 의미한다면, 권위주의는 자신의 편의와 유익을 위해 상대를 이용하는 것에 가깝다. 그것은 전통과 전통주의를 구별하지 못하는 것과 같다.

신학대학원을 다니며 여름에 크룩스 신발을 자주 신고 다녔는데, 두 번 정도 진지하게 이런 질문을 받은 적이 있다.

"왜 이런 신발을 신고 다니세요?"

이 말을 풀면 왜 신성한 신학교에 이런 정숙하지 못한 신발을 신고 다니느냐는 뜻이었다.

나는 반년간 선교사 자녀들을 다루는 방송에서 진행을 맡은 적이 있다. 우리나라의 교회에서 생활하며 상처받는 공통적인 것들 중 하나가 우리의 문화 잣대로 상대를 판단하는 것이었다. 예를 들면, 더운 나라에서 지내던 어느 선교사 자녀가 한국에 방문해서 슬리퍼를 신고 모자를 쓰고 예배를 드렸다가 배척을 당했다. 그 아이는 처음에는 그 이유를 알지 못해 무척 당황했다고 한다.

세대를 이해하지 못하거나 나아가 더 큰 세상을 이해하지 못하기 때문에 발생하는 오류이다. 자기 울타리만큼만 세상을 이해하는 것이다. 그래서 예배의 형식은 항상 묵도로 시작해야 하며 성가대는 강대상 한쪽 편에 위치해야 하며 사역자는 꼭 넥타이를 매야 한다.

사람들은 전통을 고리타분한 것으로 여기지만 니콜라스 월터 스트로프는 이렇게 말했다.

"전통은 죽은 사람들의 살아 있는 신앙이요. 전통주의는 살아 있는 사람들의 죽은 신앙이다."

이보다 전통과 신앙에 대한 명쾌한 말이 또 있을까?

권위와 권위주의 또한 혼용해서 사용하지만 그 의미에는 상당한 차이가 있다. '하늘 같은 남편'이라는 말은 가부장제 안에서도 자주 쓰는 말이라 한국 문화 속에서 성경의 어원과 비슷한 골자로 해석되는 오류가 발생한다.

현실에서 남편에게 그리스도와 닮은 구석을 찾기란 쉽지 않다. 그럼에도 불구하고 성경은 아내가 남편에게 복종할 것을 말하고 있다. 남편이 가진 권위는 성경에서 말하고 있는 바, 그리스도의 위상에까지 올라가는데 말 그대로 하늘 같은 남편과도 근접할 정도이다.

하지만 그 복종은 남편의 인격이나 신앙, 또는 능력이나 자질을 두고 말하는 것이 아니며, 존재의 귀천을 이야기하는 것은 더더욱 아니다. 이것은 남편에게 주어진 기능과 직무를 말하고 있는 것으로, 남편은 자신에게 주신 가장의 권위를 가지고 가족을 대표하여 기도하고 보살펴야 한다. 이 말은 다른 말로 의무이자 책임이라 할 수 있다. 다시 말해, 하나님이 남편에게 그리스도의 위상을 맡기시고 머리 됨의 권위를 주신 이유는, 가족 위에 군림하라는 것이 아니라 사랑으로 섬기는 역할을 하라고 주신 것이다.

단, 명심해야 할 점은 배우자에게 이 말씀을 악용해서는 안 된다는 것이다. 스스로가 '남편은 그리스도와 같다'는 식으로 권위를 높여 봐야 자신은 그리스도가 아니며 전지전능하지 못하다. 어떤 사안에 대해 남편이 아내에게 성경을 들이대며 자신의 권위 아래 복종하기를 강요한다든지, 또는 아내가 남편에게 그리스도의 무조건적인 사랑을 요구하는 것은 성경의 권위를 악용하는 것이다. 성경은 다른 누군가가 아니라 자신이 변할 것을 촉구하고 있다. 나는 주님의 은혜 아래 있다고 느끼지만 배우자는 전혀 변할 기색이 없어 닦달하게 된다면 도리어 하나님의 뜻을 그르치게 될 것이다.

내가 하나님을 알게 된 시간을 기억해 보라. 얼마나 긴 시간 동안 하나님께서 나를 만나 주셨는지 기억해 보라. 당신은 수많은 시간을 지낸 후에야 겨우 아버지의 뜻을 조금이라도 만질 수 있게 되지 않았는가. 배우자를 향한 아버지의 때가 언제인지 우리는 알 수 없지만, 상대를 향한 아버지의 뜻을 신뢰함으로 기다리라.

사울 왕은 사무엘과의 약속을 기다리지 못했다. 그는 조급했다. 왕으로서 자신의 백성을 지켜내지 못할 것 같아 조바심이 생겼다.
하지만 그가 간과하고 있었던 것은 이스라엘이 자신의 백성이기 이전에 하나님의 백성이라는 점이었다. 마찬가지로 상대방은 자신의 배우자이기 이전에 하나님의 귀한 아들이거나 딸임을 잊지 말아야 한다.

하나님은 당신의 자녀를 사랑하시기에 분명한 뜻과 계획을 가지고 계신다. 그러나 우리는 배우자를 향한 하나님의 뜻과 계획을 다 알 수 없다. 그렇다면 그 모호한 것은 잠시 제쳐 두고 먼저 나를 향한 아버지의 뜻에 귀를 기울여 보자. 그것은 보다 명확하지 아니한가?

함께 기도하는 훈련이 필요하다

밤에 잠자리에 누웠는데 오른쪽 발이 유리에 베인 것처럼 쓰라렸다. 손가락으로 스치기만 해도 바늘이 박힌 듯 아팠지만 아무리 확인해 봐도 눈에 보이는 상처는 없었다.

아내에게 기도를 부탁했다. 아내가 내 발을 만지작거리며 이야기했다.

"오빠, 정말 솔직히 말하면 나한테 기도시킬 때 너무 부담스러워. 머릿속이 하얗게 돼 버려. 정말 너무 부담스러운데… 에이, 그냥 순종하자, 하면서 기도해야지."

아내가 부담스러워 하는 것을 알지만, 그럼에도 기도를

부탁하는 이유는 우리가 숨 쉬는 일상처럼 우리 가정에 주님의 일하심을 만끽하고 싶어서였다.

눈에 보이지 않는 영역이지만, 우리가 기도할 때에 분명히 무슨 일이든 일어나는 것이다. 영적인 반응이 마치 화학적 반응처럼 보글거리는 소리라도 나면 좋을 텐데, 눈에 보이는 것은 그저 결과로 나타나는 현상 중 하나일 뿐이다. 하지만 눈에 보이지 않은 영역에서는 커다란 산이 들려 바다 위에 던져지는 역사가 일어난다.

금그릇과 은그릇과 질그릇, 어떤 그릇이든 그것의 재질과 모양이 중요한 것이 아니라 만든 이에게 쓰임 받는 것이 중요하다. 그때 투정하듯 솔직한 속내를 하소연하던 아내가 얼마나 사랑스러워 보였는지 모른다. 나는 어색한 듯 순종하며 한 발자국씩 걸어가는 아내의 걸음을 위해 기도했다.

우리는 가끔 이렇게 착각할 때가 있다.

"하나님과의 관계가 소원하다고 느껴지는 것은 하나님이 일하시지 않기 때문이야. 이런 상태일 때는 하나님께 구하지 않는 것이 마땅한 도리야."

하지만 이것은 사탄의 미혹일 뿐 하나님의 마음과는 전혀 다르다. 우리는 "나는 죄인입니다"라고 고백하며 하늘을 우러러보지도 못한 세리와 창녀를 긍휼히 여기시고, 의인을 구하러 온 것이 아니라 죄인을 구하러 오신 예수님의 마음을 품어야 한다. 누구든지 죄가 없다고 말하면 스스로 속이고 진리 안에 있지 않은 자이기에(요일 1:8) 나는, 우리는 형벌을 받아 마땅한 죄인이다. 의인은 없나니 하나도 없다(롬 3:10). 그러하기에 죄인을 구하러 오신 예수님을 더욱 바라봐야 할 것이다.

기도가 잘되어서 기도하는 것은 누구나 할 수 있지만, 기도할 수 없음에도 불구하고 기도하는 것은 죄인이 아니면, 은혜가 아니면, 자신이 살 수 없음을 인정하는 자가 아니면 할 수 없는 것이 아닐까.

아내는 내 발을 잡고 치유를 위해 기도했다. 발이 좋아진 것 같아서 나는 쿵쾅거리며 걸어 다니다가 코를 위해서도 기도해 달라고 부탁했다. 비염이 있어서 환절기만 되면 여간 고생하는 게 아니었다. 그래서 기도를 부탁하려고 얼굴을 들이밀었는데 아내가 실수로 내 턱을 발로 강타해 버렸다. 놀란 아내는 급히 나를 살피러 왔고, 나는 그런 아내에게 아파하면서 다시 코에 손을 대고 기도해 주기를 부탁했다. 자신의 잘못이 있기에 아내는 군말 없이 기도해 주었다. 나는 기도를 받는 중에 막힌 코에 바람이 들어오는지 확인하기 위해 쿵쿵거리며 코로 숨을 쉬었는데, 기도하던 아내가 그만 폭소를 터뜨리고 말았다. 우린 함께 마구 웃으며 기도를 마쳤고 하나님께 감사를 드렸다.

신혼 초에는 어색함을 깨고 함께 기도하는 훈련이 필요하다. 우리도 마찬가지였다. 같이 산책을 하다가 집으로 돌아가는 길에 함께 기도한다거나 시간을 정해 각자의 자리에서 기도하는 시도를 쉬지 않고 했다. 그래서 이제는 함께 기도하는 일이 더 이상 낯설지 않게 되었고, 일상 속에 기도가 들어오면서 설거지를 하거나 산책을 하거나 운전을 할 때에도 필요한 기도제목을 가지고 함께 혹은 각자 기도하게 되었다.

우리는 운전하고 가는 길에 대화를 하다가도 기도해야 할 일이 있으면 소리 내서 기도한다. 아이들은 그런 부모의 모습을 이상하게 여기지 않는다. 장거리 운전을 하다가 피곤해서 모두가 잠들면 잠을 깨기 위해서라도 큰 소리로 기도한다. 기도는 우리 가정 속에 더 이상 낯설지 않다. 설거지를 하면서, 샤워를 하면서 소리 내어 기도하는 것이 이제는 익숙하다. 그런 시간이 중첩되어서인지 우리 아이들은 네 살 때부터 지금까지 기도할 적마다 예수님을 가장 사랑하게 해달라는 문장을 빠뜨리지 않는다. 그리고 아프리카를 위해, 네팔을 위해서도 함께 기도한다.

처음부터 남편이고 아내였던 사람은 없다. 부모로서 연습하고 부모가 된 사람도 없다. 가정의 문화는 만들어 가기 마련이다.

부부가 함께 소리 내어 기도하는 것에 익숙해진다면 고난 중에도 자연스레 함께 주님을 바라볼 수 있게 될 것이다. 서로 간에 관계가 좋지 않아도 기도하는 일을 멈추지 않는다면, 문제마저도 인생 가운데 꼭 필요한 일이었음을 알게 될 것이다.

하나님과의 관계는 우리가 생각하는 것 이상으로 가깝다. 내가 혼자라고 느낄 때 고개를 돌려 보면, 그분은 숨결이 들릴 만큼의 가까운 거리에서 나를 안고 계신다. 모세가 하나님께 "원하건대 주의 영광을 내게 보이소서"라고 말했을 때, 하나님은 그 요청에 응답해 주셔서 모세 앞에서 당신의 모든 선한 것이 지나가게 하셨다. 하지만 모세가 본 유일한 것은 하나님의 등이었다. 이처럼 아무것도 볼 수 없을 때는 그분이 가장 가까이 계실 때인지도 모르겠다. 이것은 믿음으로 바라볼 것인가, 그렇지 않을 것인가의 차이이다.

아픔과 문제가 가득한 세상 속에서 여전히 기도할 것인가?

빛 되신 주님은 날마다 우리를 중보하시고 위로하시고 응원하신다. 그러나 사탄은 미세한 천, 하지만 빛을 완전히 차단하는 천으로 하나님과 우리 사이를 교묘하게 막으려 한다.

부부가 함께 기도하면 가정에 예수님의 빛이 임하게 된다. 왜냐하면 두세 사람이 주의 이름으로 모일 때 예수님도 함께하시기 때문이다(마 18:20). 나는 결혼하기 전에 사람들과 만날 때면 '두세 사람이 모였기에' 이 말씀을 기억하며 간단하게라도 북한이나 열방을 위해, 또는 필요한 사항을 놓고 기도했다. 특별한 조건을 두고 주님이 약속하셨기 때문이며, 실언하지 않는 분의 약속이기에 순종하면 반드시 주님이 이루실 것이라는 믿음이 있었기 때문이다. 그렇다면 두세 사람에 대한 최소한의 기본적인 모임은 가정이기에 부부의 합심기도 앞에 어두움은 단연코 떠나갈 것이다.

해당 성경 본문은 사실 형제가 죄를 범했을 때, 용납과 용서에 대한 맥락에서 이어지고 있다. 이방인과 세리처럼 여겨도 무방할 죄인을 위해 두 사람이 땅에서 합심하여 무엇이든지 구하면 하늘에 계신 아버지께서 '그들을 위하여' 이루신다고 약속하셨다(마 18:15-20). 용서와 용납이 가장 절실하게 필요하고 가장 연약한 지점이 바로 가정이다.

하지만 교회를 이루는 최소 단위인 작고 작은 가정을 통해 하늘에 계신 아버지는 당신의 뜻을 이루신다.

하나님은 출애굽한 이스라엘 자손을 '군대'라고 부르셨다(출 6:26). 애굽에 종노릇하던 이스라엘, 자신의 고백처럼 연약한 모세까지도 하나님은 당신의 군대라고 부르셨다. 출애굽한 이스라엘은 오합지졸들이었지만, 하나님은 그들을 훈련된 전투부대로 보셨다. 이후 출애굽기, 레위기, 민수기, 신명기를 살펴봐도 하나님은 줄곧 이스라엘을 당신의 군대로 여기셨다.

대장 되신 예수님은 연약한 우리를 당신의 백성, 군대로 불러 주신다. 얼마나 놀라운 말씀인가? 작고 미천해 보이는 가정을 통해 하늘 아버지가 일하신다. 간구하는 가정을 통하여, 그들을 위하여 하늘 아버지가 이루신다!

우리는 늘 서로의 기대에 모자란다

우리 가정과 가까이 지내는 가정이 있다. 그런데 그 가정의 남편은 아내의 바람과는 달리 날마다 술에 취해 들어오기를 반복했다. 그녀는 자신을 따라 용케 교회에 출석해 주는 남편에게 고마움을 느끼기도 했지만, 매번 사과와 용서를 반복하며 술에 취해 귀가하는 남편을 볼 때마다 절망하곤 했다. 나는 이 가정을 위해 아내와 함께 기도했다. 아내는 기도 중에 큰 산 같은 언덕을 하나 보았다.

"하나님, 이 산이 무엇인가요?"

아내가 이렇게 물었을 때, 하나님은 그것이 '예수님이 십자가를 지고 걸어가신 갈보리 산'임을 알게 해주셨다. 아내는 예수님을 따르던 많은 사람들이 갈보리 산의 주님을 보고 실망하고 좌절하고 낙담하는 모습을 보았다. 그분의 모습은 그들이 따랐고 생각했던 메시야의 모습이 아니었기 때문이다.

성경은 그리스도와 교회의 역할을 각각 남편과 아내를 통해 이야기하고 있다. 결혼을 앞둔 예비부부들은 상대를 향한 피상적인 기대를 가지고 있다. 예를 들어, 결혼을 하게 되면 마냥 행복해진다거나 내가 어떤 행동을 하든지 존경해 주고 사랑해 줄 것이라고 생각하는 식이다. 하지만 우리가 영적인 진공상태에 있지 않은 이상, 서로의 모습을 온전히 존경하거나 사랑해 주는 것은 쉽지 않다.

우리 가정 속에 살고 있는 남편의 모습은 항상 아내의 기대에 모자란다. 그들이 생각했던 메시야상과 달랐던 예수님처럼 남편의 모습도 아내에게는 항상 실망스럽기만 하다. 나도 아내의 부탁에도 불구하고 허구한 날 온 방에 불을 켜두고 다니거나 내가 지나간 자리는 늘 어수선해서 아내가 따라다니며 정리를 해야 한다. 하지만 그럼에도 불구하고 주님은 믿음의 눈으로 서로를 바라보아 주기를 바라신다. 지금의 모습에도 불구하고 남편을 마치 예수님을 대하는 것처럼 신뢰해 주고 존중해 주기를 원하신다.

남편이 아내를 사랑하는 것은 아내가 사랑받을 만한 모양을 가졌기에 사랑하는 것이 아니다. 예수님이 사랑하라고 말씀하셨기에 그 말씀 앞에 순종하는 것처럼, 아내가 남편에게 복종하고 존중하는 것도 마찬가지이다. 그것은 순종이다. 비록 내 남편에게서 그리스도의 흔적을 발견할 수 없을 때에도 불구하고 말이다.

아내와 이야기를 나눈 후, 그녀에게 전화를 걸어 기도해 드리며 하나님께서 주신 마음을 전했다.

"아내가 기도할 때 예수님이 십자가를 지고 걸어가신 갈보리 산을 보았어요. 예수님을 메시야라고 추종했던 사람들은 십자가를 지신 예수님을 보고 그분을 비난했죠. 하지만 드러난 모습과 상관없이 그분은 우리의 주님이셨어요. 지금의 남편 모습이 어떠하든 그는 주님께서 당신에게 맡기신 남편이에요. 오병이어의 기적을 베푸시고 병자를 고치셨을 때 그분을 따르는 것은 쉬워요. 하지만 그분은 십자가를 지셨을 때도 우리가 그분을 주님으로 대하길 원하시는 것 같아요. 그리고 우리에게 주신 남편도 그렇게 바라보길 원하시는 것 같아요."

우리는 같은 마음으로 아파하고 또 같은 마음으로 기뻐하며 언젠가 기쁨으로 간증할 날을 위해 기도했다. 현재 그 가정은 개척교회에서 중심적인 역할을 하며 하나님 앞에 누구보다 신실한 부부로 서 있다.

오늘을 살고 있는 사람은 오늘의 모습밖에 보지 못하지만 하나님은 그렇지 않다. 그래서 우리는 남편과 아내를 오늘의 단면으로만 판단하고 규정하는 일을 유보해야 한다. 한 사람이 가라지인지 알곡인지 알 수 있는 것은 마지막에서야 가능하다. 한 사람이 바로인지 바울인지도 우리는 알 수 없다. 애굽의 바로 왕처럼 하나님의 백성을 모질게 핍박하고 스데반을 돌로 치고 예수님의 제자들조차 피했던 바울은 결국 세계선교 역사에서 가장 귀하게 쓰임을 받았다.

그리스도가 교회를 사랑한 것같이

"그리스도가 교회를 사랑한 것같이 남편은 아내를 사랑하라"는 말씀을 한참 동안 생각했다.

나는 교회에 상처가 많다. 뉴스에 교회 이야기가 나오면 지금이야 많은 사람들이 또 문제가 터졌냐고 말하지만 나는 훨씬 전부터 교회에 대한 실망이 컸다.

나는 사명처럼 길을 걸으며 하나님의 사람들을 만나 사진을 찍고 교제를 했다. 그런 생활을 계속 해 나가기 위해서는 겸하여 여러 일을 해야만 했다. 사보의 사진을 찍고 원고를 쓰고 결혼식과 가족사진 등을 찍는 등 가치 있다고 생각하는 일을 계속 이어나가기 위해 하찮아 보이는 일도 마다하지 않았다. 그 순환을 통해 나 스스로 내가 하는 일이 가치 있다는 것을 증명해 내겠다고 생각했다. 가치 있다고 생각하면서 계속 해 나가지 못하면 스스로 가치 없음을 증명하는 것이라 생각했다.

그렇게 여러 사람과 미팅을 하고 일을 추진해 나갔는데 교회를 통해 맡은 일은 종종 마무리가 좋지 않았다. 예를 들면, 교회가 처음에 약속한 비용을 번복한다던지, 아니면 아예 비용도 받지 못했다. 그리고 교회 직원이나 사역자들과 가까이하면서 그들도 나와 비슷한 고민을 겪고 있다는 것을 알게 되었다. 그렇다고 교회를 부정하진 않았다. 그저 문제 있는 보통 사람들이 모인 장소이기도 하고, 건물이 교회가 아니라는 생각으로 약간의 거리를 두었을 뿐이었다.

나는 그때부터 교회가 아닌 하나님께 집중하기 시작했다. 매일의 개인 경건훈련을 해 나갔으며 하나님을 바라보는 사람들과 함께 교제하고 함께 기도하기를 힘썼다. 그 시간을 통해 나는 하나님을 더욱 사랑하게 되었다.

그러다가 결혼을 준비하며 하나님은 "그리스도가 교회를 사랑한 것같이 남편은 아내를 사랑하라"는 말씀을 가슴 깊이 묵상하게 하셨다.

"그리스도는 교회를 사랑하셨다."
"그리스도는 교회를 사랑하셨다."

익히 알고 있는 이 말씀 앞에 며칠을 머물러야 했다.

나는 교회가 문제 있다고 거리를 두었었다. 그리스도는 교회가 문제없다고 말씀하지 않으셨다. 다만 그분은 교회를 사랑하셨다. 심지어 교회를 그리스도의 신부라고 말씀하셨다. 그때부터 나는 고민하기 시작했다. 문제가 있다고 말하는 것은 누구나 할 수 있다. 하지만 문제 있는 교회로 다가가 품는 것은 결코 쉽지 않다. 그럼에도 불구하고 그렇게 해야 하는 이유는 교회가 주님의 신부이기 때문이다. 나는 회개하며 울었다. 신부가 신부의 모습을 하지 않아서 음란한 교회라고 손가락질을 하는 대신에 그 음란한 교회를 품고 여전히 주님의 신부라고 부르며 기도하는 사람이 적다는 것을 알게 되었기 때문이다.

하나님은 선지자 호세아에게 음란한 여인 고멜을 아내로 주셨다. 고멜은 날마다 새로운 연인을 찾아 음행하였고 그들의 자식을 낳았다. 그럼에도 불구하고 호세아 선지자는 이 여인을 매번 아내로 되찾았다. 고멜은 반복적으로 음행했지만 호세아는 고멜을 포기하지 않고 값을 주고 되찾아 아내의 지위를 회복시켜 주었다.

이는 하나님께서 백성들의 배교와 영적 음란을 비유적으로 지적하신 것이다. 하나님은 내 백성이 아니라 말한 그들에게 '암미'와 '루하마', 곧 내 백성, 긍휼히 여김을 받는 자라고 말씀하셨다. 그리고 영적 음행을 그치지 않은 당신의 백성을 향해 "내가 진실함으로 네게 장가들리니 네가 여호와를 알리라"(호 2:20)고 하셨다. 나는 이 본문에서 할 말을 잃고 그저 가슴을 치며 눈물을 흘렸다.

백성들의 부족함에도 불구하고 신랑 되신 주님은 친히 우리와 다시 관계를 맺으신다. 하나님이 허물 많은 내게 장가드셨을 때 내가 여호와를 알게 된 것처럼, 이 땅의 교회를 향해서도 주님은 같은 마음이시리라.

여기서 '장가들다'라는 말은 재혼의 의미가 아니다. 칼빈은 이 구절을 '새 결혼'이라고 해석한다. 음란했던 옛 과거는 다 잊혀진 새 결혼, 순결한 처녀와의 결혼을 의미하는 것이다. 당신의 백성들과 교회를 향한 하나님의 사랑이 얼마나 크고 놀라운가!

교회가 여전히 영적 간음을 범한 이스라엘 같아 보였지만 이후부터 나는 하나님의 마음이 어디 있는가를 먼저 살피기 시작했다. 그즈음 외국에 있는 교회가 힘들다는 뉴스를 보았다. 내 피부에 닿지 않는 이야기였지만 나는 집회를 하고 또 사진을 팔아 그 교회에 송금했다. 나와 일면식이 없더라도 우리는 그리스도를 머리로 둔 몸이라 여겼기 때문이다. 언젠가 머리가 둘이고 몸이 하나인 샴쌍둥이가 이슈가 되었을 때, 나는 이 둘을 규정하는 중요한 기준이 무엇일까 생각했다. 그것은 한 사람이 아파할 때, 똑같이 아픔을 느끼는가 그렇지 않는가였다.

비록 우리가 교회 안에서 서로에 대한 아픔과 기쁨을 온전히 공유하고 있지 못할 때에라도 하나님은 우리를 몸이라고 부르신다. 구원은 개인적인 일이기도 하지만 공동의 문제이기도 하다. 성경은 개인에 대한 문제이기보다는 전체에 대한 이야기가 주를 이룬다. 우리가 함께 몸을 이루어 하나님께 나아가는 것이다. 내가 혼자라면 더욱 날쌔고 더 많은 시간을 내어 하나님을 추구할 수 있을 것 같지만, 그것은 실용적인 사람의 이성에서 비롯된 생각이다. 때론 느리더라도 문제 많은 서로가 함께 몸을 이루어 나아가야 한다. 그래서 가정은 교회의 기초이다.

나는 본회퍼를 생각했다. 히틀러 시절, 그는 안전한 미국에 거하고 있었다. 하지만 그는 굳이 위험한 독일로 돌아갔다. 적들이 그를 기다리고 있었지만 성도와 동료들 역시 그를 기다리고 있었기 때문이다. 결국 그는 얼마 후 체포되어 형장의 이슬로 사라졌다. 그는 독일로 돌아온 것에 대해 친구인 라인홀드 니이버에게 이렇게 편지했다.

"미국으로 간 것은 실수였소. 이제 나는 우리 민족 역사의 힘든 시기를 독일의 그리스도인들과 함께 지내려고 하오. 만일 내가 우리 민족과 더불어 이 시기의 시련에 참여

하지 않는다면, 나는 전후 독일에서 기독교의 삶을 회복시키는 데 동참할 권한을 가지지 못할 것이오."

나는 결혼을 하고 나서야 비로소 교회에 대해 다시 이해하게 되었다. 교회를 다시 이해하게 되자 가정을 바라보는 시선도 조금씩 변해가기 시작했다.

우리는 문제 많은 교회를 향해 손가락질하고 거리를 두는 것이 아니라, 그리스도의 신부이기에 함께 아파하고 기도해야 한다. 그리고 배우자에 대한 태도도 이와 같아야 한다. 결혼한 아내 역시 완전하지 못한 인간이기에 어떤 면에서 보면 현실의 교회와 같다. 하지만 그리스도가 그런 교회를 사랑한 것처럼, 그리스도가 문제 많은 원수 되었던 사람을 위해 자신의 몸을 찢으신 것처럼, 남편은 아내를 사랑해야 한다.

문제 때문에 거리를 두고 사랑하는 것은 쉽다. 그러나 주님은 그 문제를 끌어안고 사랑하라 말씀하신다. 주님이 주신 마음에 순종하자, 나는 주님의 몸 된 교회를 비로소 사랑할 수 있게 되었고 옆에 있는 아내를 더욱 사랑할 수 있게 되었다.

나를 사랑해 주지 않겠니?

언젠가 여자선배가 우리 집으로 찾아왔다. 선배가 망설이며 꺼낸 이야기는 자신의 남편이 밤마다 적극적으로 부부관계를 원하는데 오랜 시간이 지났음에도 자신은 좀처럼 받아 주기가 싫다는 것이다. 남편이 마치 짐승처럼 보인다는 선배에게 우리는 딱히 대답해 줄 말이 없었다. 우리는 함께 기도를 드렸고 그때 나는 주님이 주신 뜻밖의 감동을 나누었다.

"나를 사랑해 주지 않겠니?"

성경은 부부가 한 몸을 이루는 것을 말하고 있는데 그것의 일차적인 의미는 육체적인 관계를 뜻하는 것이다. 다시 말해, 결혼을 한다는 것은 서로의 반쪽을 나눠 가지는 성적 결합을 전제로 한다. 그리고 앞서 이야기했듯 그리스도와 교회의 관계는 남편과 아내의 관계와도 같다. 즉, "나를 사랑해 주지 않겠니?"라는 주님의 초청은 부부간의 사랑과 복종의 관계를 부부의 성관계에까지 확대시키는 것을 말하고 있었다.

남편과의 성적인 관계는 단순한 육체적인 관계를 넘어 그리스도와의 사랑을 의미하는 것이다. 주님을 무척 사랑하는 선배는 찬양할 때마다 손을 들어 그 사랑을 표현했고 자신의 목소리를 높여 주님을 노래했다. 그런데 주님은 그런 선배에게 "나를 사랑해 주지 않겠니?"라고 하시며 당신을 향한 사랑을 요청하셨다. 주님은 육신의 남편이라도 그를 사랑하는 것을 그리스도를 향한 사랑과 똑같이 가치매김 하신다.

부부가 한 몸이라는 것은 육체적인 관계를 넘어 전인격적인 공유임을 나는 전부터 알고 있었다. 그리고 그 이해를 전제로 육체적, 인격적, 육체적 공유와 혼전 성관계에 대해 반대하는 근거를 가지고 있었다. 그런데 그런 이해를 넘어 아내가 남편에게 하는 직접적인 행동들이 그리스도에 대한 믿음의 반응과 같다는 개념은 매우 당혹스러웠다.

성경은 자주 비슷한 질문으로 우리를 당황하게 만든다. 사울은 스데반을 돌로 치고 교회를 박해하러 다메섹으로 가던 중 홀연히 하늘로부터 빛을 만났다. 빛으로 오신 예수님은 사울에게 "네가 어찌하여 나를 박해하느냐"라고 물으셨다. 사울이 언제 예수님을 박해했는가? 하지만 예수님은 성도와 교회가 핍박당한 것을 자신과 동일하게 여기셨다. 확대된 개념으로 바울은 "무슨 일을 하든지 마음을 다하여 주께 하듯 하고 사람에게 하듯 하지 말라"(골 3:23)는 말로 우리의 일상을 뒤흔들기도 했다.

내가 누군가를 사진 찍을 때 "지극히 작은 하나에게 한 것이 곧 내게 한 것"(마 25:40)이라는 주님의 말씀을 적용하는 것처럼 남편과 아내는 자신의 배우자를 믿음으로 바라봐야 한다. 그제야 나는 교회가 그리스도에게 복종하는 것처럼 아내가 남편에게 복종해야 할 이유와 질서가 머릿속에 그려지는 듯했다.

> 그리스도 같지 않은 남편, 신부 같지 않은 교회, 교회 같지 않은 아내. 주님은 상대의 겉모양을 보고 행동하라고 명하지 않으시고, 남편이면 사랑하고 아내면 복종하라고 말씀하신다.

성경은 사람이 부모를 떠나 그의 아내와 합하여 둘이 한 육체가 되는 것에 대해 "이 비밀이 크도다"라고 말한다(엡 5:32). 이 비밀은 단순한 성적 결합을 넘어 하나님의 관계 속에서만 이해할 수 있는 신비이다.

나아가 성관계에 대해 성경은 남편과 아내에게 특별한 명령을 하고 있다. 아내는 자기 몸을 주장하지 못할 것이고 남편 또한 자기 몸을 주장하지 못할 것이라고 말이다. 성관계에 있어서 둘의 몸은 더 이상 자신의 것이 아니다. 성적 기쁨을 위하여 상대의 몸을 주장할 권리를 갖게 되는 것이다. 즉, 자신의 몸을 주장하지 않고 자신의 몸을 거절하지 않음으로써 한 몸을 이루는 기쁨과 신비를 통해 상대의 기쁨이 곧 자신의 기쁨이 되는 것이다. 하나님은 부부 안에 놀라운 기쁨의 비밀을 허락하셨다. 성경은 심지어 기도하기 위해 합의 상 잠시만 분방하되 곧 다시 합할 것을 말하고 있다. 왜냐하면 절제하지 못함으로써 사탄이 시험하지 못하게 하려는 것이다(고전 7:3-5).

늦은 저녁에 선배를 데리러 그의 남편이 찾아왔을 때, 선배의 태도는 확연하게 바뀌어 있었다. 반나절 만에 만난 남편이지만 선배는 남편을 마치 그리스도를 대하는 것처럼 존중했다. 이렇게 모인 두 가정이 다시 기도회를 시작했을 때, 하나님이 우리에게 주신 특별한 감동이 있었다. 선배인 아내에게는 그리스도를 대하듯 남편에게 복종할 것을 말씀하셨지만, 과도하게 성관계를 요구했던 남편에게는 부부관계의 목적이 출산만을 위한 작업이거나 단순하게 성적인 만족에 머무르는 것이 아님을 말씀하셨다. 그 이상의 가치, 부부간의 사랑스럽고 비밀한 행위임을 말씀하셨다.

나는 이 기초들 위에 세워질 가정의 모습, 주님이 그려 나가실 교회의 그림을 상상했다. 가정은 하나님이 기뻐하시는 교회이다. 지금의 교회 또한 하나님의 경륜을 따라 만들어진 역사적인 교회이지만, 서기 313년 이전의 교회는 가정에서 이루어졌다. 그런데 기독교 공인과 함께 사적 예배가 금지되었고 바실리카 양식으로 지어진 공적인 건물에서만 예배를 드려야 했다. 그 후 2천 년 가까운 시간이 흘러서 원래 가정에서 이루어졌을 원초적인 교회의 흔적은 거의 사라졌다.

교회의 가장 기초는 가정에서 시작되어야 한다. 그 단단한 기초 위에 세워질 하나님 나라의 교회는 얼마나 아름다울 것인가.

누구나 사랑은 힘들 수밖에 없다

메일 한 통이 왔다. "나는 나의 주인이다"라는 제목이었다. 무슨 내용인가 싶어서 열어 보았더니 도박사이트 광고였다.

세상은 내가 나의 주인이라고 가르친다. 하지만 나의 주인은 내가 아니다. 나의 믿음의 대상도 다른 사람이 되어서는 안 된다. 때론, 부부 사이에서 아내의 부족분을 남편에게 채움 받으려, 또는 자식에게 그 목마름을 채움 받으려 애쓰는 것을 보게 된다. 하지만 누구도 그 목마름을 채워 줄 수 없다.

나의 주인은 말 그대로 나의 주님이시다. 나의 믿음의 대상 또한 오직 주님이시다. 그것을 잊을 때 원수는 웃게 된다. 내가 아내를 사랑하는 이유는 "아내 사랑하기를 그리스도가 교회를 사랑한 것같이 사랑하라"는 명령 위에 서 있기 때문이다. 사랑의 감정이 가득했을 때 사랑하는 것은 쉽다. 하지만 인생은 그리 녹록치가 않다. 또한 일방적인 사랑에 지칠 수도 있다.

암컷 비둘기는 수컷 비둘기에게 매우 헌신적이지만 일찍 죽는다. 그것은 정작 자신은 사랑만 주고 사랑을 받지 못하기 때문이다.

이를 '도브컴플렉스'라고 말한다. 일방적인 사랑에서는 누구나 불만족을 느낀다. 사람은 이기적이라 부족한 사랑에 대해 수준을 맞추려 하는 것이다.

이렇듯 쉽지 않은 인생의 기로에서 누구나 사랑이 힘들 수밖에 없다. 감정으로 이성으로 도저히 사랑할 수 없을 때가 있다. 메일의 제목처럼 나의 주인이 내가 되면 맘껏 사랑할 수 있을 것 같지만 그렇게 되면 더 이상 사랑할 수 없게 된다. 그래서 주님의 말씀 위에 서서 사랑해야 한다. 그것은 마치 사랑 그 자체 위에 서는 것과 같다. 왜냐하면 하나님이 바로 사랑이시기 때문이다.

바리새인들이 예수님께 물었다.

"무엇이든지 이유만 있으면, 남편이 아내를 버려도 됩니까?"

하지만 예수님은 처음 남자와 여자를 지으신 하나님의

마음으로 돌아가 말씀하셨다.

> "사람이 그 부모를 떠나서 아내에게 합하여 … 이제 둘이 아니요 한 몸이 되었으니 이제 둘이 아니요 한 몸이니 그러므로 하나님이 짝지어 주신 것을 사람이 나누지 못할지니라 … 누구든지 음행한 이유 외에 아내를 버리고 다른 데 장가드는 자는 간음함이니라" 마 19:5-6, 9

예수님의 이 말에 제자들조차도 불만을 토로했다.

"남편과 아내 사이가 그러하다면 차라리 장가들지 않는 것이 좋겠습니다."

당시 힐렐 학파의 견해는, 아내가 빵을 태우기만 해도 이혼이 가능하며 심지어 후대의 랍비들은 더 매력적인 여자가 생기면 이혼이 가능하다는 주장까지 내놓을 정도였다. 로마에서는 문란한 성생활과 간통이 유행이어서 결혼은 동거하기로 합의하는 것 이상의 의미가 없었다고 한다. 지금 시대와 별반 다를 게 없어 보인다.

"무엇이든지 이유만 있으면 남편이 아내를 버려도 됩니까?"

우리는 바리새인이 물었던 이런 질문조차 예수님께 드리지 않는다. 무엇이든지 이유만 있으면 남편이 아내를, 아내가 남편을 버려도 된다고 생각하기 때문이다. 그리고 그 이유는 철저히 자신을 위한 것이다. 내게 맞지 않으면 헤어진다.

당시에도 예수님의 이 말씀은 너무나 부당한 것이어서 제자들조차 자신들의 기득권을 놓고 싶지 않았다. 그런데 우리도 마찬가지이다. 비록 이혼까지는 가지 않을지라도 내가 가진 기득권을 놓고 싶어 하지 않는다.

하지만 결혼은 하나님이 나를 위해 아내를 예비하신 것이 아니다. 아내를 위해 내가 있는 것이다. 하나님은 그런 신비 안에서 둘을 하나가 되게 하셨다.

언젠가 나는 아내에게 이런 말을 했다.
"명경이가 아닌 다른 누군가가 내 아내가 되었어도 나는 그녀를 사랑했을 거야."

오해의 여지가 있지만 이 말은 야곱의 결혼(레아와 라헬)을 염두에 두고 가정한 말이었다. 만일 야곱이 레아를 언약적 관계로 사랑하려 애썼다면 과연 역사는 어떻게 바뀌었을까?

결혼 전에는 아내를 여자친구 명경이로서 사랑했다면 결혼 후에는 언약에 대한 이행으로 아내로서 사랑해야 하는 것이다. 나는 그 사랑 위에 하나님이 당신의 사랑을 부으실 것이라는 기대가 있었다. 결혼식장으로 걸어 들어가며 하나님은 내게 그것을 가르치셨다. 지금까지는 여자친구로서 사랑했지만 이제는 하나님의 법 안에서 사랑해야 한다는 것을. 그만큼 결혼을 통해 남편과 아내가 된다는 것은 중한 일이다. 그것은 마음이 맞지 않으면 언제라도 헤어질 수 있는 동의의 차원을 넘어선다.

> "이 비밀이 크도다 나는 그리스도와 교회에 대하여 말하노라" 엡 5:32

이 비밀은 남편과 아내를 통해 그리스도와 교회의 관계를 설명하는 맥락 가운데 있다. 남편과 아내가 부모를 떠나 한 몸을 이루는 이 신비는 그저 사랑해서 만남을 이루는 정도가 아니라, 하나님 나라의 놀라운 언약을 이루고 언약을 지키는 그림을 비유하는 것이다.

Chapter 3

나는 오늘도
너로 인해 좋다

이제 서로가 없는 세상을 살아가는 것이
도무지 꿈꾸어지지 않는다
정말 그대의 반쪽이 되어가는 시간들인가 보다

회색빛 가득한 오늘도 너로 인해 좋다

일을 마치고 집으로 돌아와 현관문을 열어젖히는 순간, 아내가 환한 얼굴로 나를 반겨 주면 매우 감사하다. 감사한 것들이 많지만 나는 특별히 그런 날들이 감사하다.

그렇다고 아내가 평소에 환한 얼굴을 하지 않는다거나 반겨 주지 않는다는 말은 아니다. "삶은 고해이다"라는 말에 동의하며 살아가는 내게 아내의 환한 웃음은 그만큼 감사의 제목이 된다. 어제 환한 얼굴을 했다고 해서 오늘도 그럴 것이라 보장할 수 없고, 오늘 행복하다고 해서 내일도 그럴 것이라 장담할 수 없는 것이 인생이기 때문이다. 회색빛 가득한 삶의 태도를 가지고 살아가지만 적어도 오늘은 감사가 가득한 날이다.

오늘 아침은 그저 지구의 자전과 공전으로 맞이한 것이 아니다. 파도의 경계를 삼으시는 하나님, 우주의 주인이신 하나님의 일하심을 따라 오늘을 맞는다. 그분의 성실하심을 따라 아침을 맞는다. 그냥 반복되는 아침이 아니라 주님이 내게 주신 선물 같은 하루이다. 그렇다면 오늘 내가 만난 환한 웃음 또한 주님이 주신 특별한 선물이다. 회색빛이 가득한 오늘도 모든 것이 감사할 따름이다.

환한 얼굴로 반겨 주는 아내를 향해 나는 자랑스럽게 과자봉지를 내밀었다. 아내는 과자를 받으며 말했다.

"오빠는 항상 내 생각만 하는 것 같아…."

나는 이 말이 좋았다. 사실이기 때문이다. 먹고 싶은 것이 별로 없는 아내에게 이런 종류로 점수 딸 기회는 흔하지 않다. 굳이 말해 주지 않아도 내 마음은 여전한데, 이런 격려의 말이 나를 기분 좋게 만든다.

우리 아버지의 마음도 이러하실까?

나랑 결혼한 거 후회하지 않아?

남자와 여자가 결혼해서 살아갈 때, 그리고 상대방과 다투고 갈등하기 전에 알아야 할 것들 중 하나가 '인간관'에 대한 부분이다. 물론 인간관보다 남녀의 차이와 성격, 기질의 다양성을 아는 것이 상대를 대하는 데 있어서 훨씬 유리한 고지를 선점하는 것일 수 있다. 하지만 그것들보다 기초가 되어야 할 부분은 인간관이 아닐까 싶다. 결혼과 만남은 기본적으로 '사람'에 대한 이해가 있어야 하기 때문이다.

내가 가진 인간관은 몹시도 부정적이며 동시에 몹시도 긍정적이다. 나는 사람을 믿지 않는다. 그것은 내가 사람을 믿지 못할 어떤 특별한 유전자를 갖고 있어서가 아니라 무엇보다 나를 믿지 못하기 때문이다. 나를 믿지 못하기 때문에 사람을 믿지 않는다. 나는 나에 대해 기대할 때마다 얼마나 철저하게 무너지고 실망했는지 모른다. 그러면서 자연스레 나 자신을 믿지 않게 된 것이다.

언젠가 신학대학원 수업 중에 교수님이 성경에 있는 인물들을 열거하시며 죄다 부정적으로 평가하시는 것을 들은 적이 있다. 성경에서 하나님 외에 선한 사람이 있을 수 있겠느냐는 그의 평가에 대해 신학적으로는 이해가 되었지만 나는 반대 의견을 가지고 있었다. 내가 가진 인간관은 교수님이 부정적으로 열거했던 인물의 관점보다 더 부정적이다. 나는 인간관 자체를 아주 부정적인 것에 두고 시작한다. 그래서 누군가가 하는 행동에 도리어 놀라야 하는 것이다. "아니, 저 인간이 저런 수준이 아닌데!" 하면서 말이다.

아내가 어떤 행동을 할 때마다 나는 매번 깜짝 놀랄 준비를 하려고 한다. 억지스럽지만 예를 든다면, 아내가 나를 위해 아침상을 준비해 주면 나는 그것을 보고 놀라야 하는 것이다.

"어떻게 아무 기대할 수 없는 아내가 나를 위해 아침상을 준비했단 말인가!"

만약 다음 날도 아침상이 차려진다면 나는 졸도할 만큼 기뻐서 환호성을 질러야 할 것이다. 그러나 아침상이 차려지지 않더라도 그것은 실망할 일이 아니다. 당연한 것이기 때문이다.

분명 어느 순간 실망할 때가 올 것이다. 만일 아내가 나를 향해 마구 소리를 지르고 원망한다면 그럴 것 같다. 하지만 실망이란 상대의 잘못 때문에 생기기보다는 내가 정해 놓은 기대치에 상대가 도달하지 못할 경우에 하는 것이 아닌가 생각해 본다.

그러기에 나는 실망할 때마다 그 이유를 상대의 잘못으로만 돌리지 않는다. 그것은 내가 가진 사람의 기대치가 높았기 때문이다.

그런데 사실 사람은 기대하기 힘든 존재이지 않는가. 이런 경우는 둘 다의 잘못이라고 생각한다. 상대의 잘못인 동시에 믿지 말아야 할 사람을 믿은 나의 미숙함도 잘못이다.

부정적인 인간관과 동시에 나는 꽤 긍정적인 인간관도 가지고 있다. 그것은 인간에 대한 기대라기보다는 인간을 통해 역사하시는 하나님에 대한 기대를 갖고 있다는 의미이다. 벌레 같은 나에게도 하나님이 기름 부어 주시면 능히 살아갈 수 있는 것처럼 말이다.

이스라엘의 위대한 선지자 사무엘이 베들레헴에 도착했을 때, 아마도 온 동네사람들이 몰려와 그를 맞이했을 것이다. 사람들은 환호했을 것이고 흥겨운 음악과 함께 잔치가 열렸을 것이다. 그런데 이 대단한 잔치에 초대받지 못한 아이가 한 명 있었다. 바로 다윗이었다. 그러나 잔치에 초대받지 못한 다윗 같은 사람도 하나님이 기름 부으시면 이스라엘의 왕이 될 수 있다! 떡 다섯 개와 물고기 두 마리에도 주님이 축사하시면 오천 명을 먹일 수 있다는 사실을 성경은 일관되게 말하고 있다.

그러하기에 우리는 사람에 대해서는 철저하게 기대하지 않아야 하지만, 그 사람을 통해 일하시는 주님에 대해서는 철저하게 기대해야 한다.

그것은 예수님을 인격적으로 믿은 아이나 청소년에게도 확대해서 적용할 만하다. 성경을 보면 버러지 같은 사람을 사용하셔서 산을 깎는 기계로 삼으신다는 구절이 있다(사 41:14-15). 예전에 내가 어떤 존재였는지와 상관없이 그리스도 안에 있으면 새로운 피조물이듯 상대 역시 새로운 피조물로 인식해야만 한다.

그 경험은 내게서부터 시작된다. 나는 내 인생이 부끄

러워서 날마다 울면서 기도했다. 가끔 내 생을 하얗게 지우고 다시 시작하고픈 마음이 들 때도 있었다. 그것은 성공하기 위해 새로운 기회를 갖고 판을 다시 짠다는 의미가 아니었다. 내 추한 삶의 그림 위에 더 이상 덧칠해 나가는 게 부끄럽다는 생각이 들었기 때문이다. 오점 하나 없는 새하얀 캔버스 위에 다시 인생의 그림을 그리고픈 소원이 있었다. 정말 그럴 수만 있다면…. 그런데 주님은 기도 가운데 정말 그럴 수 있다고 말씀하셨다.

"예수님의 보혈을 의지하렴. 그러면 너는 매일 새로운 캔버스 위에 그림을 그리게 될 거야."

내게는 그것이 정말 복음이었다. 사람들은 여전히 내게 손가락질할지 모른다. 사탄은 주홍글씨처럼 내 평생을 두고 비난할지 모른다. 그러나 하나님은 그렇지 않다고 말씀하신다.

"주와 같은 신이 어디 있으리이까 주께서는 죄악과 그 기업에 남은 자의 허물을 사유하시며 인애를 기뻐하시므로 진노를 오래 품지 아니하시나이다 다시 우리를 불쌍히 여기셔서 우리의 죄악을 발로 밟으시고 우리의 모든 죄를 깊은

바다에 던지시리이다" 미 7:18-19

　죄악을 보고 눈물 흘리며 가슴 치는 것보다 더 힘든 것은 그 모든 것을 덮고도 남을 주님의 보혈의 능력을 믿는 것이다. 내 감정을 믿는 것이 아니라 주님의 성품을 신뢰하는 것이다. 주님의 보혈은 값없지 않기에 주님이 우리를 위해 흘리신 보혈 한 방울이면 오늘을 살 수 있으며 세상의 그 누구도 살릴 수 있다. 그래서 내게 은혜로웠던 보혈의 능력이 그리스도 안에 있는 누구에게도 유효하다고 믿는 것이다.

　며칠 전 아내에게 이런 말을 했다.

　"나랑 결혼한 거 후회하지 않아?"

　"응? 어떤 후회?"

　"뭐 예를 들면 갖고 싶은 것을 못 가진다는 것이나 경제적으로 안정적이지 않는 삶?"

　"내가 뭘 갖고 싶은지는 알고 묻는 거야?"

　아내가 웃으며 내게 물었다.

　"나는 오빠와 아이들과 함께 있는 이 시간을 가져서 행복해."

　손에 잡히지 않은 행복을 말하는 아내의 대답을 통해 내게도 행복이 전해졌다.

나는 사랑이 무엇인지를 하나님께 자주 물었다. 사랑이 무엇일까? 일 중독자였던 내가 사랑을 이해하기란 쉽지 않은 일이었다. 그런데 이제 조금 사랑이 무엇인지 알 것 같다. 신혼 초에 아내와 함께 기도할 때, 하나님은 내 마음에 이렇게 말씀해 주셨다.

"명경이는 사랑이 많고 지혜로운 여자란다."

나는 하나님이 주신 마음으로 믿었다. 그리고 그 말을 마음 깊이 새겼다. 살아가다 보면 전혀 그렇지 않은 면도 만나게 된다. 당연한 말이지만 사람은 하나님 같지 않아서 한결같지 않다. 모든 인간은 수없이 흔들린다. 그런 아내를 보면서 나는 내 마음에 날마다 이렇게 기도했다.

"하나님, 사랑이 많고 지혜로운 아내를 주셔서 감사합니다."

내 눈에 지혜롭지 않아 보이고 사랑이 없어 보일 때도 나는 그렇게 고백했다. 지금 내 눈에 보이는 모습으로 평가하거나 판단하지 않고 주님이 자라게 하실 모습을 그리며 날마다 기도했다. 내 기도와 실제의 모습은 차이가 있었지만 나는 보이지 않는 것을 믿음의 눈으로 고백했으며 그 시선으로 보고 믿음으로 고백했다.

어느새 시간이 8년이나 흘렀다. 요즘 아내와 이야기를 나누다 보면 놀랄 때가 많다. 내 믿음에 아내가 의지하는 게 아니라 이제 아내의 믿음에 내가 의지하는 것은 아닐까 하고 말이다. 앞으로도 수없이 흔들리겠지만 그렇게 서로에게 의지하며 살아가는 것, 그 사랑의 작은 한 부분을 알아가게 된다.

시간이 흘러도 둘 사이에는 관점의 차이가 있다. 그러나 우리에게 문제가 있다는 것이 더 이상 문제가 되지 않는다. 도리어 문제가 없는 것이 문제이다. 고민 없이 살아가는 것이 아니라, 문제없이 살아가는 것이 아니라, 고민과 문제를 끌어안고 살아가는 것이 인생이지 않은가.

인생에 대해서는 철저하게 기대하지 않아야 하지만 그 인생을 통해 일하실 주님에 대해서는 철저하게 기대해야 한다. 믿음은 지금 내 눈에 보이는 것으로 말하는 것이 아니기 때문이다.

이해하지 못해도 여전히 널 사랑해

늦은 밤, 친한 선배가 우리 집에 찾아왔다. 하룻밤을 자고 갈 작정으로 찾아왔다고 했다. 겉은 멀쩡하게 웃고 있었지만 이런저런 이야기를 나누다 보니 속이 새카맣게 타들어 간 것이 느껴졌다.

청년일 때 같은 청년들을 만나 서로의 아픔과 기쁨을 공유했던 것처럼, 나는 결혼을 하고서야 결혼한 사람들의 진면목을 보게 되었다. 미혼일 때는 보이지 않던 그들만의 아픔을 들여다볼 수 있게 된 것이다. 그러면서 가정 안에 있는 슬픈 현실들을 만나게 되었다. 행복할 것만 같은 가정들이 죄다 상처와 아픔, 슬픔으로 가득했다. 그것은 보통의 가정뿐 아니라 사역자 가정도 예외가 아니었다. 목회자들과 사모들에게도 사역 이면에 수많은 상처와 폭언, 폭행이 있다는 사실을 알게 되었다. 사역자 신분이라 겉으로 드러내지 못해 속으로만 앓으며 숨죽여 눈물 흘리는 가정이 얼마나 많은지 모른다. 이런 경우에는 뭐라고 조언할 말이 없어 그저 한숨을 들어주는 것만이 전부일 때가 많다.

누가복음 6장(43-45절)에서 예수님은 나무에 대한 이야기를 들려주시며 못된 열매 맺는 좋은 나무가 없고 좋은 열매 맺는 못된 나무가 없다고 말씀하신다. 그런데 후반절을 살피면 그것은 나무에 대한 이야기가 아니라 사람의 마음에 대한 말씀이라는 것을 알 수 있다. 한 사람은 선한 마음을 쌓아 거기서 선한 것을, 한 사람은 악한 마음을 쌓아 악한 것을 냈다. 예수님은 사람이 마음에 가득한 것을 입으로 말하기 때문이라고 말씀하신다.

우리는 입술에 나오는 말로 쉽게 반응하거나 쉽게 사람을 판단한다. 하지만 먼저 입술에 나오는 말을 가지고 그 사람의 마음을 살펴야 한다. 모진 말과 악독한 말을 듣고 그 자체로 반응하는 것이 아니라 이 말이 상대방의 어떤 마음에서 기인하는지를 살펴야 한다는 것이다. 그리고 그 마음은 위에서 말한 대로 그가 자라온 성장 배경과 경험, 가치관에 지대한 영향을 받아왔다는 것을 기억할 필요가 있다.

누구나 자기 자신의 입장에서 문제를 바라보기에 상황과 상대를 오해하게 된다. 각자 나름의 틀과 사고(思考)를 가졌기에 어쩔 수 없긴 하지만 그렇게 오해한 채로 등을 돌리면 너무 슬픈 이야기가 되어 버린다. 동전 하나로도 빛나는 태양을 가릴 수 있다고 한다. 작은 동전 하나를 꺼내 눈을 가리면 밝게 빛나는 해조차도 보지 못하게 되는 것이다. 우리의 틀과 사고방식과 문화로 위장된 많은 모순들은 내가 다른 사람을 하나님의 시선으로 바라보는 것을 철저하게 방해한다.

아픔을 품고 찾아온 선배와 함께 하나님 앞에 엎드렸다. 그 동전 하나와도 같은 우리의 고집을 깨뜨려 달라고 간구하며 눈물로 엎드렸을 때, 하나님은 원수 같았던 남편을 향한 그분의 사랑이 얼마나 큰지를 선배에게 깨닫게 해주셨다. 하나님의 사랑이 가득 부어지자 그와 함께 사는 것이 두렵다던 선배는 서둘러 집을 향해 나섰다. 오늘은 회복되었지만 수많은 가정이 언제 또 서로에 대해 오해하고 갈등하여 집을 뛰쳐나올지 모른다. 하지만 잊지 말아야 할 것은 주님 앞에 나아가는 것을 멈춰서는 안 된다는 것이다. 주님 앞에 나아가는 것을 멈추지 않는다면 주님은 성실하게 우리를 변화시키실 것이다.

"내가 고쳐야 할 부분에는 어떤 것들이 있을까?"

아내에게 물었더니 잘 길렸다 싶었는지 질문하기가 무섭게 대답했다.

"샤워하고 나올 때 슬리퍼를 세워 둘 것, 그리고 창문을 열어 놓아 습기를 없앨 것."

그리고 혹시 생각나는 게 있으면 추후 통보해 주겠다고 말했다. 내 차례가 되었을 때, 나는 아내에게 무서워서 피하는 것을 하지 않았으면 좋겠다고 말했다.

아내와 함께 제주도 여행을 한 적이 있는데 아내는 물속으로 얼굴을 집어넣지 못했다. 나는 도대체 무슨 기억 때문에 물속에 얼굴을 넣지 못할까 하고 궁금했다. 아마도 물에 대한 안 좋은 경험 때문이었을 것이다. 이렇게 두려움에 대한 주제로 시작한 이야기가 깊어졌다. 아내는 잊고 있던 옛날이야기들을 하나하나 끄집어내었고 나는 그 이야기들을 잠잠히 들어주었다. 아내는 자신도 잊고 있던 아픔들을 이야기하며 눈물을 많이 흘렸다.

아픈 일은 잊어버리고 망각해 버리면 기억에 남지 않는 것 같지만 끊임없이 행동과 사고에 영향을 준다. 그러기에 우리에게는 그 상처와 아픔을 하나님께 가져가는 시간이 필요하다. "제가 그렇게 아파할 때, 하나님은 무엇을 하고 계셨나요?"라고 묻고 그분의 대답을 기다려야 한다.

뜻하지 않게 가진 시간이었지만 아내가 가진 의문에 대

해 로마서와 미가서 말씀을 함께 읽어 가며 하나님의 마음을 알아갔다. 아내는 말씀을 읽는 동안 얼마나 많이 울었는지 모른다.

'말씀을 읽는 과정 속에서도 이렇게 눈물을 흘릴 수 있구나.'

나는 혼자서 자취할 때 맥도날드 한쪽 구석에서 말씀을 읽었다. 그때 웅성거리는 소음 속에서 얼마나 울었는지 모른다. 말씀이 살아서 내게 질문하고 위로하는 것을 처음으로 경험했기 때문이다. 주님의 말씀이 내게 다가왔던 그때처럼 아내를 위로했다.

스스로도 잊고 있던 오랜 상처는 어떤 식으로든 각자의 가치관과 정서뿐 아니라 배우자와의 관계에도 영향을 끼친다. 하지만 그 모든 부정한 것조차도 주님의 빛이 비치면 다른 형태의 도구가 된다. 수많은 아픔과 상처는 주님의 시간과 방법을 통해 같은 아픔으로 울고 있는 누군가를 위로할 수 있게 만들어 준다. '상처 입은 치유자'라는 말이 있는 것처럼 우리가 입은 상처는 상처 입은 누군가를 위로할 수 있는 근거가 되기 때문이다. 우리에게 약한 면이 없다면 우리는 서로를 필요로 하지 않을 것이다. 하지만 누구나 약한 면이 있고 그래서 서로 도울 수 있기에 우리는 누군가의 반창고가 되어 줄 수 있는 것 같다.

나는 야곱에서 요셉으로 이어지는 가족의 수난사를 통해 하나님이 한 가정을 어떻게 다루시는지를 조심스레 들여다보았다. 형 에서를 피해 도망한 야곱은 두 아내를 맞아들였다. 성경은 사랑받는 아내 라헬과 사랑받지 못하는 아내 레아와의 시기와 질투, 눈물의 가족사를 다루고 있다. 르우벤은 사랑받지 못하는 어머니를 위해 어렵게 합환채를 구해 왔다. 그것은 임신을 돕는 효능이 있다고 알려진 진귀한 식물이었다. 그러나 그마저도 증오의 대상인 라헬에게 빼앗기고 말았다. 그 후 르우벤은 상실감과 분노로 아버지의 첩 빌하와 동침했다. 남편의 사랑을 얻지 못하는 어머니에 대한 슬픔과 동정은 아마도 레아의 아들들에게 평생 씻기지 않을 상처로 자리했을 것이다.

라헬이 죽고 난 후에는 아버지 야곱의 사랑이 요셉에게 집중되었다. 요셉이 종으로 팔려간 후에도 그의 사랑은 막내인 베냐민에게 집중되었다. 시간이 흘러도 사랑하는 대상은 라헬에게서 요셉, 요셉에게서 베냐민으로 바뀌었을 뿐 야곱은 전혀 변하지 않았다. 문제의 원인과 당사자는 바뀌지 않은 채, 수많은 아픔이 붉게 멍들어 가는 야곱의 가족사를 보며 나는 하나님 아버지의 마음을 만지게 되었다.

형들을 시험하기 위해 요셉이 막내 베냐민을 사로잡았을 때, 유다는 분노의 대상인 베냐민을 대신해서 인질이 되기를 자청했다. 자신이 책임을 지기로 한 것이다. 문제와 상황은 아무것도 달라지지 않았지만, 유다로 인해 요셉은 시험하는 것을 멈추고 통곡했다.

이 본문만 본다면 가족사의 회복이 최종 목표인 것처럼 보이지만 하나님 나라의 역사를 보면 놀라운 사실을 발견하게 된다. 하나님은 레아와 라헬의 유치하고 치열한 경쟁 구도를 통해 이스라엘의 역사를 구체적으로 열어 가고 계셨다.

라헬이 낳은 아이, 즉 형제들이 미워하는 요셉으로 인해 이스라엘은 위기 가운데서 살아나게 되었다. 또한 레아가 낳은 아이들을 통해서도 하나님은 놀라운 일을 행하셨다. 레위를 통해 하나님을 찬양하고 제사 드리는 족속이 생겼으며 유다를 통해 하나님의 마음에 합한 다윗 왕이 태어났다. 그리고 내가 주님이라 부르는 온 인류의 죄를 짊어지실 구원자가 태어나셨다.

르우벤의 아픔은 매우 실제적이었다. 하지만 눈에 보이지 않는 하나님의 일하심은 그보다 더욱 실제적이다. 그저 내 눈에 괜찮아 보이는 것만이, 좋아 보이는 것만이 주님의 일하심이 아니다. 모든 불합리와 어리석음과 경쟁, 아픔 속에서도 주님은 당신의 뜻을 이루어 나가신다. 그것이 가정의 아픔 가운데서도 주님을 바라볼 수 있는 이유이다.

결혼을 하고 나서야 나는 결혼한 이들의 고민을 나눌 수 있는 자격을 얻게 되었다. 나는 이것을 얼마나 바랐는지 모른다. 누군가를 위로하고자 할 때는 상대방과 같은 배경을 가진다는 게 이처럼 중요하다.

선배가 돌아간 후에 아내와 손을 잡고 다시 기도를 드렸다.

"많은 사람들이 경험하는 것이라면 우리 가족도 마찬가지겠지요? 주님, 어차피 겪게 될 일들이라면 짧은 시간에 그 터널을 통과하게 해주세요. 그리고 그 경험들을 통해 많은 것을 가르쳐 주세요. 또한 이를 통해 누군가를 위로하고 도와줄 수 있게 해주세요."

나는 환란의 시간을 통해 인내를 얻게 된다고 믿는다(롬 5:3). 인내는 바꾸어 말하면 체력과도 같다. 그 영적 체력이 길러졌을 때 하나님께서 우리 가정을 그분이 기뻐하시는 통로로 사용해 주실 것이라 믿는다.

어느새 결혼한 지 8년이 되었지만 아직도 나는 아내를 다 이해하지 못한다. 다만 여전히 아내를 사랑한다. 하나님 앞에 나아가는 것을 멈추지 않는다면 주님은 갑절의 시간이 흘러도 내게 같은 마음을 허락해 주실 것이다. 그때도 여전히 아내를 사랑한다면 나는 함께 걸어가는 동역자들과 후배들에게 "아내를 사랑하라"고 권면할 수 있는 자격을 가지게 될 것이다.

미안하다는 말을 미루지 않게 해주세요

아내는 나와 비슷한 부분이 많다. 생각이 유연한 편이고 둘 다 이상을 꿈꾼다. 결혼한 후에는 비슷한 부분이 더욱 많아지고 있다. 하지만 아내가 나와 구별되는 부분 또한 확연하다. 아내는 꽤 정리정돈을 잘하는 편이다. 몇십 년 살림하신 권사님도 우리 집 냉장고며 수납장에 정리되어 있는 모양을 보고는 "아이들 키우는 집이 맞느냐"며 놀라셨다. 하지만 아내가 손대지 않는 비밀스러운 공간이 한 군데 있다. 바로 내 방이다.

결혼을 하고 몇 번을 손대 보았지만 늘 엉망진창인 채로 있다. 그러나 나름 질서가 존재한다고 믿는 비밀스러운 공간이다. 가끔 아내가 정리가 필요하다는 표현을 하면 나는 그제야 밀린 빨래를 하듯 정리를 시작한다. 하지만 자기 자리를 찾지 못한 물건들이 이리저리 쌓이기만 할 뿐이다. 엄마를 닮아서인지 나보다 그 분야에 체계가 잘 잡힌 딸 온유가 그런 내 모습을 한참 동안 쳐다보더니 딱하다는 듯 한마디 했다.

"아빠! 아빠는 생각주머니가 작아?"

'생각주머니'는 유치원에서 배운 용어로 각각의 주머니마다 생각들을 집어넣었다가 꺼낸다는 논리인데, 아빠는 생각주머니가 작아서 어느 곳에 무엇이 있어야 할지 모른다는 아이 나름의 표현이었다. 아내는 과자 중에 콘칩을 가장 좋아하고 나는 콘칩을 좋아하지 않는다. 나는 정리되지 않는 공간 속에서 질서를 찾고 아내는 통제 가능한 형태의 명확한 정리를 원한다. 나는 사물을 직관적으로 파악하는 데 비해 아내는 무척 섬세하고 꼼꼼하게 살핀다. 나는 일과 놀이의 구분이 없는 편이지만 아내는 일과 놀이를 확연하게 구분해서 일의 집중도가 높은 편이다. 나는 손으로 다루는 일에 서툰 편이지만 아내는 기계처럼 정확하고 철저한 편이다.

다른 사람에게 필요한 물건을 나눌 때도 나는 내게 필요 없는 것이라면 다른 사람에게는 필요할지 모른다는 생각을 가지고 있는 반면, 아내는 좋은 것이 아니라면 아예 건

네지를 않는다. 왜냐하면 내가 갖고 싶은 것을 다른 사람도 갖고 싶어 한다는 생각에 자신에게 필요 없는 것은 다른 사람에게도 전해 줄 수 없다고 생각하기 때문이다.

손님을 대접할 때 나는 아내가 고생할까 봐 중국집에서 주문해서 먹자는 주의이고, 아내는 이왕 섬긴다면 성실하게 섬김의 역할을 해야 한다는 주의이다. 아내는 매번 손님이 찾아올 때마다 부산하게 전을 부친다.

얼마 전, 섬기고 있는 모임에서 주일마다 돌아가는 간식 담당을 아내가 맡게 되었다. 아내는 마트전단지에서 어떤 물품이 할인하는지를 동그라미까지 치며 파악해 놓았다가 복숭아 다섯 박스를 사기로 결정했다. 그래서 오전부터 아내의 마음은 분주하게 그 일에 집중되어 있었다. 오전에 마트를 들렀다가 교회 가는 길에 희귀난치성 질환으로 아픈 아이가 있는 가정을 들러 필요한 물품을 챙겨 주고, 모임 시작에 앞서서 복숭아 껍질을 벗겨 간식을 준비해 놓는다는 게 아내의 시나리오였다. 하지만 아내의 급한 마음과 달리 아이들이 도와주지 않아서 출발부터 늦어 버렸다. 아내가 포크를 챙겨 가지고 나와야 할까를 고민하기에 차를 대기하고 있었는데 아내의 급한 마음이 입으로 터져 나왔다.

"왜 이렇게 꾸물거리고 있는 거야!"

"나는 네가 고민하기에 결정할 때까지 기다리고 있었던

거야."

나는 아내 말에 기분이 조금 상했지만 아내가 하나에 집중하면 거기에 몰두한다는 것을 알기에 이해하기로 마음먹었다. 마트에서 복숭아를 사고 아픈 아이의 집을 들렀다가 교회에 도착해서는 아내와 함께 다급하게 복숭아를 깎았다. 나는 속으로 '사람들은 이 수고를 알까? 닭강정을 시켜 먹으나 복숭아를 먹으나 똑같은 건데…'라고 생각했다. 다행히 시간 안에 모임과 간식시간까지 마쳤다. 모임을 다 마친 후 아내가 환한 미소로 내게 깨끗이 비운 그릇들을 보여 주었다.

"봐! 주면 다 먹는다니까."

아내는 사람들이 비운 그릇들을 흐뭇해하며 정리했다. 일에 몰두해서 하나씩 처리해 나가고 그 일이 마쳤을 때에야 비로소 한숨을 돌리는 아내. 나는 그런 아내를 알기에 이 모든 과정을 이해할 수 있었다. 그날 저녁, 집에 찾아온 손님맞이까지 모두 끝내고 밤이 되었을 때 아내가 내게 조심스레 말했다.

"오빠, 오전에 차 안에서 마음 상했지? 계속 사과하려다가 저녁이 되어 버렸네. 미안해."

아내를 잘 알기에 이미 다 이해하고 있었지만 아내가 사과를 하니 내 마음은 말로 표현하지 못할 만큼 기뻤다.

우리는 의도하지 않게 서로를 향해 실수하거나 아프게 할 수 있는 존재이다. 의도하지 않아도 충분히 상대를 서운하게 하거나 불쾌하게 만들 수 있는 존재이다. 결혼 전에는 내 시야를 벗어난 영역을 살피지 않아도 상관없지만 결혼한 후에는 끊임없이 상대를 용서하고 자신의 잘못을 살펴야 한다. 왜냐하면 사탄은 어떤 빌미를 통해서라도 한 몸을 쪼개려 하기 때문이다.

성경은 분을 내어도 죄를 짓지 말며 해가 지도록 분을 품지 말라고 말한다. 그렇게 해야만 하는 이유는, 그것이 마귀에게 틈을 주는 행동이기 때문이다(엡 4:26-27). 분을 내는 것은 인간이기에 어쩔 수 없는 것이지만 해가 지도록 분을 품지 않는 부분은 순종에 대한 영역이다. 가정을 이루어 살아가는 것의 본질은 사랑이지만 그 사랑을 이루는 구성을 살펴보면 서로를 향한 용납과 용서가 전체의 절반 정도는 차지하지 않을까.

서로의 다름으로 인해 감정이 상한 적은 있어도 지금껏 아내와 싸운 적이 없다. 싸우지 않아도 감정이 상하는데 작정하고 싸운다면 과연 감정과 마음이 버티어 낼 수 있을까. 바울은 주께서 너희를 용서하신 것같이 서로 용납하여 피차 용서하라고 말하고 있다(골 3:12-13).

이런 밤이면 늘 아내와 기도한다.

"이런 상황을 만날 때마다 정말 지혜로운 행동은 먼저 사과하는 것임을 압니다. 미안하다는 말을, 사랑한다는 말을 미루지 않게 해주세요. '이제는 서로를 이해한다'는 생각 때문에 해야 할 말을 미루지 않기를 원합니다. 주님이 마음에 주신 감동을 말로 전하게 해주세요. 해가 지기 전까지 사랑한다 말하고 더욱 진심을 담아 사랑하게 해주세요."

당신에게 작별인사를 전합니다

아내에게, 그리고 아직 어린 온유에게 유언장을 썼다. 이 유언장에 마지막 마침표를 찍으면 정말 이별이라는 마음으로 작성했다.

언제 떠날지 모를 소풍 같은 인생이기에 평소에 작별인사를 미리 해 두어야 후회하지 않겠다는 생각이 들었다. 유언장을 작성하고 아내와 함께 서로의 유언장을 읽어 주는 동안 둘 다 눈이 빨개질 만큼 울었다.

헤어지는 것이 이렇게 애절한 것이라면 함께할 때 더 사랑해야겠다는 생각이 절실해졌다.

사랑하는 아내, 명경이에게

이 날을 얼마나 기다렸는지 모릅니다.
바울처럼, 믿음의 선진들처럼 그렇게 전제와 같이 부어진다는
고백을 할 수 없는 것이 부끄럽지만 나는 정말로 기다렸습니다.

내 신랑 되신 예수님을 이제 곧 만난다는 사실이
제 가슴을 떨리게 합니다.
하지만 남은 가족들과 잠시 작별을 해야 한다는 것은
너무나 가슴이 아픕니다.

사랑하는 아내 명경이에게 가장 미안합니다.
이 글이 내 아내와 마지막이라니…
한 번 더 머리 쓰다듬고 한 번 더 끌어안고 헤어지면 좋겠는데
이 글이 마지막이라니 너무 너무 아쉽습니다.
왜냐하면 내가 떠나고 난 뒤 멍하게 있을 당신이 그려지기
때문입니다.
아마도 늘 그렇듯 우리가 핸드폰에 장난스럽게 남겨 놓은
영상들을 한없이 되풀이해서 보겠지요.

내가 써놓은 글이나 사진들을 들여다보곤 눈시울을 적시겠지요.
내가 없는 빈자리를 손으로 쓰다듬으며
한없이 내 이름을 부르기도 하겠지요.
그 시간을 다 정리하는 데 평생의 시간도 모자라지 않을까
생각되기에 염려가 됩니다.

나한테 길들여진 사랑하는 당신,
혹시라도 하나님에 대한 사랑이 나 때문에 가려질까
염려가 됩니다.
하나님의 나라를 그리워하세요.
하지만 저와 만나고 싶어서 하나님의 나라를 꿈꾸지는 마세요.
하나님을 더 사랑하세요.

당신을 생각하면 차라리 내가 이 땅에 더 오래 남아
당신을 그리워하는 편이 낫겠다는 생각이 듭니다.
이렇게 우리 사랑이 깊어져 있네요.
그 사랑을 주신 하나님께 감사드립니다.
당신을 내게 주신 하나님께 감사드립니다.
그 사랑의 깊이만큼 헤어지는 것이 쉽지가 않네요.
영원하지 않은 것을 위해 우리의 인생을 바치지 말고
영원할 것에 우리의 인생을 드리자고 말은 했지만

이렇게 내가 먼저 떠날 줄 알았으면
무언가 의지할 만한 것들이라도 벌어놓을 것을… 하는
아쉬움도 있답니다.
떠날 때조차도 내가 당신에게 줄 수 있는 것이 별로 없네요.

어린 자녀를 데리고 당신이 어떻게 살아갈지 가슴이 미어집니다.
하지만 꼭 기억하세요.
내가 당신과 결혼했을 때도 온유를 임신했을 때도
지금과 같은 근심이 있었습니다.
그것은 가장으로서 어떻게 살아가야 할까에 대한
막막함이었습니다.
하지만 그때마다 하나님이 내게 주신 대답은
"공중에 나는 새를 보라"였습니다.
하나님의 나라와 의를 구하세요.
그러면 하나님이 먹이시고 기르십니다.
저는 가장 평범한 사람이었어요. 이건 당신이 더 잘 알지요?
저는 하나님의 은혜가 아니면 한순간도 살 수 없었을 거예요.
"주님이 아니면 아무것도 할 수 없는 죄인입니다."
우리 주님은 이 고백을 가장 기뻐하시는 것 같아요.

여보, 미안해요.
내가 더 사랑해 주지 못해서 미안해요.
자녀들이 예수님을 고백하는 것을 꼭 듣고 싶었는데
이렇게 떠나네요.
자녀들이 자라면서 힘들어하고 눈물 흘릴 때마다
너무 아파하지 마세요.
그때마다 아빠가 너희를 얼마나 사랑하고 축복했는지에 대해
자주 이야기해 주세요.

여보,
진정한 믿음의 고백은 고난을 통해서만 나오는 거잖아요.
나는 참 오랜 시간, 이 시간을 소망해 왔기에
한편으로는 얼마나 두근거리는지 모릅니다.
하지만 당신과 어린아이를 두고 떠난다는 게 미안합니다.
전에 제가 말했지요?
그리움과 절망은 다른 말이라고요.
그리워하겠지만 절대로 절망하지는 마세요.
제가 떠나는 곳이 어딘지 아시잖아요.
우리 그곳에서 다시 만나요.

사랑하는 내 딸 온유야.

온유가 아직 "아빠"라고 불러주지 못했는데
아빠가 먼저 하늘나라로 떠나버리는구나.
아빠가 온유에게 들려주고 싶은 이야기들이 참 많았는데…
대신 그 이야기들을 엄마 귀에 가득 들려주었단다.
여러 문제 앞에서 어떤 선택을 하면 좋을지도 말이야.
그런데 엄마는 묻지 않으면 말을 잘 안 해줄 거야.

엄마는 지혜로우시니까 그 지혜를 나누어 달라고 떼를 써보렴.
온유야, 엄마 말씀 잘 듣고 아프지 말렴.
(온유가 아프면 엄마가 더 아프단다.)
나중에 자라 사춘기가 되었을 때,
엄마도 네 빈자리를 다 채워 주진 못할 거야.
그래서 대상 없는 원망이 생길 수도 있을 거야.
하지만 그 빈자리를 우리 하나님 아버지가 채워 주실 거야.
네가 믿고 구하기만 하면 하나님 아버지가 그 빈자리를
채워 주실 거야.

사랑하는 내 딸 온유야, 이제 아빠는 떠난단다.
꼭 기억하렴.
온유가 살고 있는 이 땅은 하늘나라에서 잠시 소풍 온 거란다.
최선을 다해 인생을 맞으렴.
눈물을 무서워하지 말고 도전하렴.
하나님이 온유에게 꿈꾸고 있는 인생을 아빠는 믿고 있단다.
나는 그날이 너무 기대되는구나.
온유도 그날을 같이 기대하자꾸나.
아빠는 온유를 늘 지켜보며 기도할 거야.
사랑한다, 내 딸.

_사랑하고 또 사랑하는 당신의 남편, 온유 아빠가

아내의
이야기

밤에 오빠가 유언장을 읽는데 정말 펑펑 울었다.
그 여파가 오늘까지 이어지고 있다.

나는 정말로 오빠를 사랑하는 것 같다.
오빠가 정말 떠나가면 어쩌지….

오빠처럼 나도 유언장을 썼다.
내가 떠나고 난 뒤에
정말 좋은 사람을 만나 다시 사랑하라고 적었다.
내 진심이었다.
내가 떠나고 난 뒤에 정말로 오빠를 사랑해 주는 사람을 만나
오빠가 홀아비 냄새 풍기지 않고
하나님 나라를 꿈꾸며 살기를 원하는 마음에서였다.

오빠는 그 얘기를 듣고 피식 웃었지만 나는 정말 진심이었다.
그리고 유언장 말미에 적은 글 때문에
제자훈련반 사람들이 많이 웃었단다.

"내 친구들아, 내 장례식에는 못 오더라도
5월 30일 전도축제날, 교회는 꼭 와야 해."

이제 서로가 없는 세상은 꿈꿀 수 없다

네팔에서의 첫 번째 강진이 일어나고 2주일이 지난 후, 여진이 잦아지면서 본격적인 구호활동이 진행되었다.

  나 역시 NGO단체인 굿네이버스와 함께 네팔에 들어가게 되었다. 도착한 지 이틀 뒤 두 번째 강진이 지축을 흔들었다. 건물마다 주민들이 소리를 지르며 달려 나왔다. 사람들은 식사를 하다가도 쿵 하는 소리에 그릇을 엎으며 거리로 달려 나왔고, 언제 무너질지 모르는 건물 안에서 잠을 청하지 못하고 텐트에서 잤다. 수많은 여진으로 인해 대피하거나 두려움을 느꼈다.

  그곳에 있는 동안 한국에 있는 아내에게 따로 연락을 못했다. 대신 굿네이버스에서 아내에게 무사하게 대피했다는 말과 함께 안전문제로 조기 귀국할 거라는 얘기를 전해 주었다. 그런데 아내는 그 말을 믿지 않았다고 했다. 남편은 예정대로 돌아올 것이라고, 아니, 먼저 하늘나라로 떠나보내는 것까지도 생각했다고 한다. 온유는 아빠가 네팔에 있는 동안 밤마다 울면서 기도했단다. 그래서 아끼던 돼지 저금통을 깨뜨려 아빠의 귀국을 환영하는 선물을 장만하기도 했다.

아내가 예상했던 대로 나는 일행들이 안전문제로 조기 귀국할 때, 처음에 계획했던 일정대로 네팔에 남아 있다가 돌아왔다. 아내는 함께 살아온 세월이 몇 년인데 남편이 그 상황에서 무슨 생각을 하고 어떤 결정을 할지 모르겠냐며 어깨를 으쓱거려 보였다.

한국으로 돌아온 날, 우리는 밤늦은 시간까지 이야기를 나누었다. 아내는 남편이 사고로 죽을 수도 있겠다는 생각을 하면서 나를 네팔로 떠나보냈다고 했다. 그런데 진짜 네팔에 강진이 발생해 무척 당황했더란다. 아내는 그 속에서 기도하며 자신의 마음을 살폈다고 했다. 그런데 이상하게도 두렵지 않더란다. 헤어지는 것은 심각한 슬픔과 그리움을 동반하겠지만 그것이 두려움은 아니었다고 말했다.

아내에게 죽음이란 막연하고 관념적인 것이 아니었다. 이미 고등학교 때 아버지를 교통사고로 떠나보낸 경험이 있었기 때문이다. 그 경험은 아내에게 죽음에 대해 진지하게 고민하게 하는 계기가 되어 주었다. 아내는, 죽음은 극심한 그리움을 동반하지만, 자신에게는 하늘나라에서 다시 만날 것에 대한 소망이 있기에 두렵지 않았다고 말해 주었다. 다만 남편이 죽게 되면 그 긴 시간을 한없이 그리워할 것에 대한 막막함이 있었노라고 말해 주었다.

서로가 서로를 모른 채 태어나고 살아가다가 만나서 연애를 하고 결혼을 하고 나면, 이제 서로가 없는 세상을 살아가는 것은 도무지 꿈꾸어지지 않는다. 정말 그대의 반쪽이 되어가는 시간들인가 보다.

하나님은 잊을 수 없는 답을 주셨다

아프리카를 다녀온 후에 나는 아프리카에 우물 하나만이라도 만들어 주고 싶다는 소망이 생겼다. 촬영하면서 만난 상당수가 수인성 질병으로 고통받고 있었고, 실제로 유누스이삭이라는 어린아이는 내가 한국으로 돌아온 얼마 후에 죽었다. 우물 하나를 만드는 데 필요한 비용은 적지 않았지만, 돈을 사용해서 사람을 살릴 수만 있다면 그 액수가 얼마든지 차라리 싼 편이라는 생각이 들었다. 그리고 실제로 우물 하나를 만들게 되면 해당 마을뿐 아니라 꽤 먼 거리의 주변 마을까지도 이 우물을 마시고 살 수 있다는 것을 알게 되었기 때문이다.

기도하며 뛰어다닌 결과, 통장에 우물 하나를 만들 수

있을 만큼의 금액이 모금되었다. 그런데 그즈음 생각지도 못한 일이 일어났다.

아내가 다니던 건설회사는 아파트를 건설한 후에 미분양 된 집들을 직원들 명의로 계약을 맺어 신용대출을 받아 회사자금으로 사용하고 있었다. 그런데 회사가 부도 위기에 처하게 되었다는 소식을 접하게 되었고, 실제로 그 소식을 들은 다음 날 저녁에 부도가 났다.

그 결과, 직원이었던 아내도 하루아침에 억대의 부채를 떠안게 되었다. 우리는 어린 온유를 안고 문제의 진원지인 포항에 급히 내려갔다. 분양사무소에는 화난 표정의 사람들이 애꿎은 담배만 펴댔고 욕설과 폭력이 난무했다. 이런 문제에 대해 아내는 물론이고 나도 익숙하지 않아 무척 난감했다.

분양사무소에서는 이미 담당직원들이 결제에 필요한 도장이나 서류를 가지고 자리를 피해 버렸기에 문제를 해결할 수 있을 만한 가능성이 없어 보였다. 그러다가 회사가 최종부도처리 나기 전에 명의를 이전해야 한다는 사실을 알고 동분서주하기 시작했다. 우리는 둘 다 관련 지식이 없어 힘겨웠지만 끊임없이 기도하며 관리사무실과 은행의 문을 두드렸다. 그러나 우리 힘으로 열 수 있는 문은 하나도 없는 것 같아 보였다.

그런데 놀라운 일들이 일어나기 시작했다. 굳게 닫혀 있던 문들이 하나씩 열리기 시작한 것이다. 예를 들어, 부도처리가 나면 더 이상 법원에서 관련 행정처리를 안 해 준다며 은행 직원들이 관련 부서끼리 협의하여 우리의 일을 먼저 처리해 주었고, 책임을 피해 숨어 있던 분양사무소 직원들을 우연히 만나기도 했다. 그들은 긴밀하게 우리에게 필요한 서류를 주고 결제를 진행해 주었다. 이밖에도 여러 일이 우리에게 일어났다. '여기까지가 한계구나'라고 생각했던 바로 그때에 우리 힘으로는 절대로 만들 수 없는 장면들이 눈앞에서 쉴 틈 없이 연출되었다.

우리는 이런 드라마틱한 과정을 통해서 이 문제의 상당 부분을 해결해 나갈 수 있었다. 나는 그 과정에서 눈물이 났다. 빚을 지는 것이 두려웠기 때문이 아니라, 이런 상황에서도 주님이 나를 사랑하신다는 은혜가 느껴졌기 때문이다.

우여곡절 끝에 우리는 450만 원 정도의 비용을 당일에 지불하면 2억 원 가까이 되는 부채가 해결된다는 것을 알게 되었다. 그런데 사람들에게 그 돈을 빌리는 것도 어려웠다. 용기를 내서 누군가에게 전화를 걸었다가도 그냥 안부인사만 하고 끊기도 했다. 그러한 과정 가운데 나는 세상을 살아가는 규모와 무게를 더욱 알아가게 되었다.

우리 수중에는 그만한 돈이 없었지만, 아이러니하게도 통장 잔고에 그만큼의 돈이 있었다. 바로 아프리카에 우물을 만들기 위해 모금한 돈이었다. 포항이라 돈도 빌리기 어려운 상황에서 그 계좌를 잠시만 유용하면 상당한 부담을 덜 수 있었다. 서울에 올라가자마자 그 계좌를 다시 채워 넣으면 되는 간단한 일이었다.

나는 하나님께 여쭈었다. 이 방법이 얼마나 합리적이고 실용적인지를 들이댔지만 하나님의 대답은 단호하셨다. "안 된다"는 것이었다.

"왜요? 왜 안 되나요? 오늘만 피하면 되는 걸요?"

이 질문에 하나님은 잊을 수 없는 답을 주셨다.

"사람들이 쓸모없다고 생각하는 아프리카의 한 사람이 내게는 2억 원보다 더 값지기 때문이란다."

사람들은 사람을 값으로 매긴다. 신자본주의 시대에는 모든 것이 돈으로 가치가 정해진다. 운동선수, 연예인 할 것 없이 얼마짜리로 그 사람의 가치가 정해진다. 그래서 쓸모없는 사람, 가치 없는 사람들이 양산된다. 하지만 하나님께서는 그 누구도 쓸모없거나 가치 없는 사람이 없다고 말씀하셨다.

"그 계좌는 손대지 않겠습니다."

나는 더 할 말이 없었다. 스스로 놀라웠던 것은 수억 원을 빚지는 일이 더 이상 내게 두렵지 않았다는 사실이다. 원래 나는 어릴 적부터 어떻게 살아가야 할지 고민도, 두려움도 많았던 사람이다. 하지만 주님을 만난 이후 그 두려움을 주님이 책임져 주셨다. 내 인생의 목적이 자아성취라면 나는 이 선택으로 실패한 인생이 되겠지만, 내 인생의 목적이 주님께 이어져 있다면 순종은 또 다른 과정이라는 믿음이 두려움을 밀어낸 것이다.

하나님의 도우심으로 우리는 나머지 돈까지 모두 해결할 수 있었고, 이후 하나님은 아프리카 우물을 위해 모금했던 그 계좌에 기름을 부어 주셨다. 두 마리의 물고기와 다섯 개의 떡덩이에 주님이 축사하셨을 때, 성인 남자만 오천 명이 먹고도 남았던 것처럼 전혀 예상치 못한 상황이 벌어졌다. 아프리카에 우물 한 개만 만들면 좋겠다고 시작한 이 일로 인해, 후에는 그림을 전시하고 판매하는 일까지 더해져서 수년 동안 총 29개의 우물이 아프리카 차드에 만들어졌다.

나는 이 일로 한국나눔봉사대상에서 기업이 아닌 개인으로는 유일하게 금상을 수상하게 되었고 청와대에 나눔인으로 초청되기도 했다. 나는 그런 상을 수상할 자격이 없다는 사실을 잘 알고 있었다. 그래서 이렇게 말했다.

"저는 이런 공적인 영역보다 사적인 영역을 더 중요하게 생각합니다. 공적인 영역은 제가 얼마나 나눔에 힘썼느냐의 지표이지만, 그저 친구를 만나는 일, 그 친구와 함께 식사를 나누는 일, 그들을 사진 찍으며 기도하는 일과 같은 사적인 일들이 공적인 것보다 제게는 더 어려운 일입니다. 사적인 영역에서의 나눔, 단 한 사람에게 어떻게 대하느냐를 저는 더 가치 있게 생각합니다."

수시로 잊곤 하지만 한 사람의 가치는 주님 앞에서 얼마나 귀한지 모른다. 성경은 끊임없이 그것을 이야기한다. 과부와 고아의 가치, 버려진 애굽인 한 명의 가치, 38년 된 병자의 가치, 혈루병 앓는 여인의 가치, 거라사 광인의 가치, 미문에서 구걸하던 걷지 못하는 사람의 가치…. 그 한 사람의 값어치는 주님이 흘리신 핏값과도 같은 가치를 가진다.

일상의 지루한 걸음에서도
폭풍 같은 하루하루 속에서도

아프리카에 우물을 만드는 프로젝트를 진행하면서 아내에게 가장 고마웠다. 내가 우물을 만들자고 사람들에게 말하고 다닐 때, 누군가가 아내에게 "저런 남편을 둬서 피곤하시겠어요"라고 농담처럼 한 말을 들은 적이 있다. 그때 문득 아내에게 난 그런 존재인지도 모르겠다는 생각이 들었다. 없는 살림에 돈을 보태기는커녕 머나먼 아프리카 땅에 우물이라니!

그 사람의 말을 빌리자면 나는 피곤한 남편임이 분명했다. 하지만 알고 있다. 이 일을 그 누구보다 기쁜 마음으로 도와준 사람이 바로 아내라는 사실을…. 그 달에 받을 모든 수입을 우물 만드는 일에 넣자고 제안한 사람도, 아프리카

아이들에게 미안해서 온유에게 얻어 온 옷만 입혔던 사람도 아내였다. 엄마로서 아내의 이런 결정은 결코 쉽지 않았을 것이다. 만약 내가 한 일이 누군가에게 조금이라도 도움이 되었다면 그건 나를 끌어안아 준 아내 덕분임을 나는 새삼 느낀다.

아내는 결혼한 후 매일 자라고 있다. 아이 양육에 자신의 시간을 다 소모하는 것 같아 보이지만 이 모든 과정을 통해 하나님 앞에 훈련되어 가고 있는 것이다.

내가 아는 여자선배는 청년 때 눈에 띄는 리더였다. 청년들을 이끌고 세계 선교를 외치며 불철주야 뛰어다니는 여전사 같은 사람이었다. 하지만 결혼과 출산 이후 우울증에 빠졌다는 소식을 전해 들었다. 하나님의 나라를 위해 힘썼던 옛 시절과 상반되는 지루한 육아생활의 반복이, 그리고 선교의 완성이 아닌 아이들의 세끼 밥상을 차리는 것이 하루의 주된 관심이 되었다는 사실이 선배를 곤고하게 만든 것이다.

사람들은 흔히 "내가 너 때문에 성질 다 버렸다"고 투덜대지만 그것은 원래 자신의 성질이었다. 없던 성질이 생겨난 게 아니라 꽁꽁 숨겨놨던 성질이 누군가에 의해 튀어나온 것뿐이다. 이러한 상황들은 자신의 인내의 한계, 결심의 한계를 볼 수 있는 기회가 되기도 한다.

나는 이 모든 과정을 통해 하나님 나라의 규모를 알게 된다고 믿는다. 슬로건을 외치는 것만이 하나님 나라를 위하는 것이 아니라 일상의 지루한 걸음 또한 하나님 나라를 위하는 것이라 믿는다. 그래야만 비로소 사람들의 고충과 인생의 단층을 깨달을 수 있기 때문이다. 일상에서 벌어지는 수많은 전쟁, 폭풍 같은 하루하루 속에서 하나님의 임재를 초청하고 예수 그리스도의 이름을 선포하며 부르짖는 그 작은 차이가 한 사람을 만들어 가는 것이라 생각한다.

거룩은 일상에서 만들어지는 것이다. 엄숙하거나 엄위한 말투 같은 것이 아니라 자신의 가난함을 인정하고 누추한 자신의 풍경 속에 성령님을 초대하고 하나님의 말씀을 알고 그 말씀 위에 자신을 세우는 행동 하나하나가 바로 거룩이라고 생각한다.

며칠 전, 아내가 쓴 '영성일기'를 읽으며 함께 기도했다. 예수를 믿는 사람에게도 끊임없는 고난이 있다. 그 고난을 통해 우리는 주님을, 그리고 부활을 만나게 된다. 고난과 광야에 대한 끝없는 이유들이 있다. 하지만 역설적으로 고난을 고난이라 여기지 않으면 그것은 더 이상 고난이 아니다. 그러한 고난은 돈 주고 살 수 없을 만큼의 가치가 된다고 믿는다.

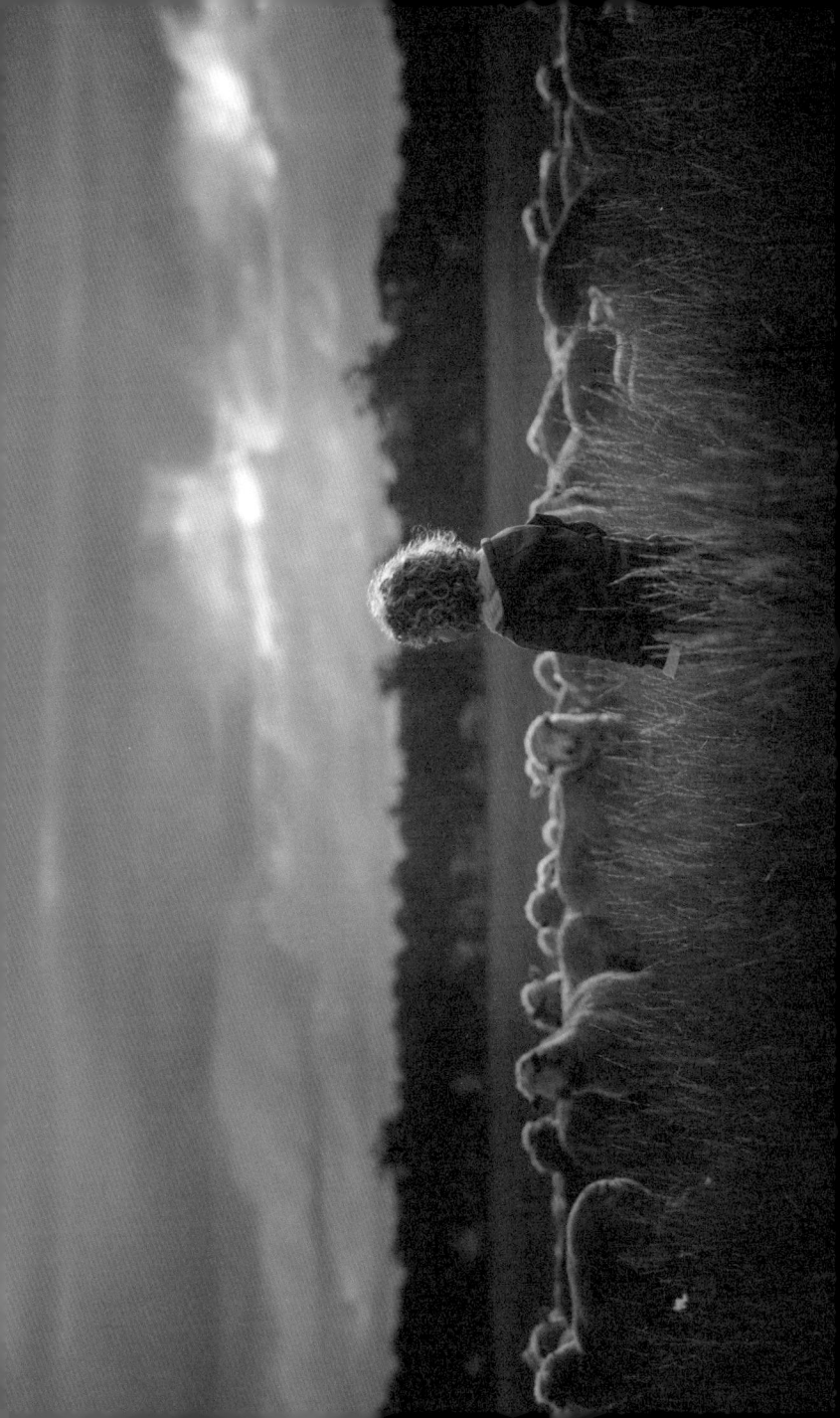

아내의
영성일기

오늘 나눔의 주제는 고난에 대한 마음이었다.
내 차례가 되었을 때 어떤 마음에서 이런 이야기를 꺼냈는지
모르겠다.

"고난이 기대된다."

하지만 이런 것들을 고난이라고 말해도 될지 모르겠다.
작년, 포항에서 갑자기 일이 터져 하루만에 2억 원이나 되는
돈에 깔려 빚쟁이가 될 뻔했던 적이 있다.
상상도 할 수 없는 큰돈이었지만 하나님의 도우심을 통해
거짓말같이 큰 위기를 넘길 수 있었다. 그때를 생각하면
아직도 짜릿하다.
하지만 그 이후 내 마음에 배짱이 생겨 버린 것 같다.

얼마 전, 우리 집 통장에 잔고가 아주 없게 된 적이 있었다.
전기세랑 세금을 내야 하는데 낼 돈이 부족하게 된 상황이었다.
나는 두려운 마음과 동시에 앞으로 어떤 일이 생길지에 대한
궁금증이 발동했다.

"아, 이제 어떻게 될까? 앞으로 어떤 일들이 벌어질까?"
그런데 그 기대는 얼마 가지 않았다.

남편이 아르바이트 한 돈이 적절한 때에 입금되었기 때문이다.
너무 감사했고 조금 아쉽기도 했다.
조금 더 드라마틱한 연출이 있었으면 좋겠다는 기대감
때문이었을까?

조금 전 귀한 동역자와 저녁을 함께했다.
늘 우리 가정을 위해 기도해 주시는 분들이라 저녁을 대접해
드리고 싶었는데 남편이 몇 달 전에 일한 원고료가 오늘
입금되었다.
아, 이 놀라운 타이밍이란!

날마다 일용할 양식으로 먹이시는 하나님.
하나님은 날마다 각 사람들에게 일용할 양식을 공급하시는데
우리는 일용할 양식에 만족하지 못하고 월(月)용할 양식, 연(年)
용할 양식을 구할 때가 많다.
어젯밤에 남편과 도란도란 나누었던 이야기들이 우리 삶 가운데
구체적으로 벌어지는 것을 보고 있다.
두렵고도 흥미진진한 인생이다.

사랑하지 못해서 부끄럽지 않게 해주세요

늦은 밤 집에 돌아왔는데 아내와 첫째 딸 온유가 이제 막 잠이 들려는 차였다. 아내는 임신 8개월이 되어 배가 꽤 많이 불러 밤사이에도 자다 깨다를 반복해 편안하게 잠을 이루지 못했다. 곁에 다가가 뭐라고 위로해야 할지 몰라 당연한 질문을 했다.

"많이 아파?"

"응. 계속 아파."

아내의 당연한 대답을 듣고 나는 그녀 앞에 무릎을 꿇고 기도했다. 지금 내가 아내에게 해줄 수 있는 것은 기도밖에 없다는 생각이 들었기 때문이다. 그렇게 시작한 기도는 전혀 예상 못한 방향으로 흘러갔다.

"주님, 저와 아내가 한 몸이라는데 저는 아프지 않습니다. 저는 이렇게 아무렇지 않은데 아내는 이렇게 아파하고 있습니다. 한 몸인데 저는 이렇게 멀쩡합니다."

기도는 점점 절박해져갔고 눈에선 눈물이 뚝뚝 떨어지기 시작했다.

"주님, 아내의 아픔을 제게 주세요. 그리고 제가 가진 평강을 아내에게 주세요. 우리는 한 몸인데 아내 혼자서만 이렇게 아파하고 있습니다. 주님, 용서해 주세요. 제가 아플게요. 주님 앞에 나아갔을 때, 사랑하지 못해서 부끄럽지 않게 해주세요. 주님 앞에 서면 부끄럽겠지만… 사랑해야 할 때 고의적으로 사랑하지 않아 부끄럽지 않도록, 기도해야 할 때 고의적으로 기도하지 않아 부끄럽지 않도록 해주세요. 사랑해야 할 때 그렇게 하지 못해서 주님 앞에 부끄러울까 봐 두렵습니다."

나는 어깨를 들썩이며 회개하며 울었다. 가족이 모두 잠든 후에도 쉽게 잠들지 못했다.

언젠가 김우현 감독과 함께 부흥의 시절을 인터뷰하기 위해 전국 방방곳곳을 찾아다니며 사람들을 만났던 적이 있다. 그때 누군가가 말했다.

"질병을 위해 기도할 때, 기도를 받은 당사자는 치유되었지만 저는 그 질병이 고스란히 느껴져서 죽을 것 같은 고통을 느꼈습니다."

지금도 기억에 남는 고백이다. 당시에는 치유의 사건들을 머릿속으로 떠올리며 신기해했고, 마치 영화 속 대사처럼 멋있다고만 생각했다. 그런데 지금 돌아보니 기도하는 사람의 입장에서는 꽤 고민되는 상황이었다.

질병에 걸린 사람들의 기도는 정말로 절박하다. 이 말은 그들이 극심하게 고통스럽다는 반증이기도 하다. 그런데 그 질병이 내게로 와서 내가 대신 고통을 겪게 된다면, 아픈 사람을 위해 기도하는 것은 쉽지 않을 것 같다는 생각이 들었다. 아파서 하루 이틀 동안 구토하는 일도 쉽지 않은 일이니 말이다. 하지만 아내의 아픔과 고통이 내게로 오기를 주님께 간절히 요청하며 기도할 때에 내 마음에 뭉클한 무언가가 만져졌다.

부부는 한 몸인데 아내 혼자 아프고 나는 아프지 않은 상황 속에서 차라리 입장이 바뀌어 내가 고통받기를 바라는 마음, 그 마음은 부부가 아니라면 느끼지 못할 공감이 아닐까? 정말 한 몸이기에 서로의 즐거움만이 아니라 고통까지도 공유하기를 원하는 마음이 아닐까?

통장을 열어 보고 한참을 웃었다

오랜 고민 끝에 형네 부부가 머물고 있는 미국을 방문하기로 결정했다. 우리 가계 형편상 무리한 일정이었다.

막상 본격적인 준비를 하게 되면 마음이 인색해질까 봐 아내와 함께 전반기 결산을 시작했다. 정기적인 수입이 없기에 우리는 자주 통장을 열어 보지 않는 편이다. 그래서 때를 정해 한꺼번에 결산을 하는데 아내와 함께 통장을 열어 보고 한참을 웃었다. 어떤 경우는 수입이 넘쳤지만, 지난 4월 수입은 5만 원이었고 5월은 조금 상황이 나아져서 30만 원이었다. 이 상황에서 함께 웃어 주는 아내가 고마웠다.

나는 남편이랍시고 영적 권위를 가지고 진두지휘하지만 어느 편에서 바라보느냐에 따라 나는 정말 형편없는 가장이다. 그럼에도 불구하고 웃고 감사하고 기뻐할 수 있는 것은 무능한 나 때문이 아니라 유능하신 주님 때문이다. 언젠가 우리 집에 찾아온 손님이 우리 집에는 없는 게 없다고 말했다. 정말 우리 집에는 없는 것 빼고 다 있다.

고정적이고 안정적으로 기댈 만한 곳이 없어서 가끔은 두렵지만 이렇게 십여 년 동안 맷집을 키워왔다. 등록금을 내고 시작한 공부는 도대체 어디다 써야 할지 난감하다. 신학, 미술학 등 당장에 전혀 도움이 될 것 같지 않은 공부라서 마음을 지키지 않으면 냉큼 그만둘까 봐 두렵다.

나는 자주 '보이지 않는 길'을 걸었다. 이것은 사실 상당히 쉽다. 말씀하신 길을 그저 걷기만 하면 되기 때문이다. 하지만 이렇게 쉬운 걸음마다 내 안에는 치열한 고민과 싸움이 있었다. 그것은 내 머리로 그려지는 것이 전혀 아니었기 때문이다. 막막함과 불확실성 가운데 걸어가는 것이 얼마나 두려운 것인지….

사람들은 그 불확실성을 든든한 어떤 것으로 대신하려고 한다. 대부분 그게 돈이 되는 것 같다. 왜냐하면 돈은 권세를 가지고 있기 때문이다. 돈은 무언가를 원하는 대로 살 수 있는 가치를 지니고 있기 때문이다. 우리 주님도 권세를 가지고 계신다. 다만 우리 눈이 세속적이어서 주님이 가치 있다고 여기시는 것을 멸시하기에 그분의 아름다움과 권세의 가치를 알지 못할 뿐이다.

결산을 마치고 도와야 할 동역자들과 난민, 교회에 후원을 하고 절기헌금 준비까지 다 마친 후에 나는 아내와 함께 이렇게 하는 것이 옳다는 감동을 나누었다. 미국여행을 준비하고 다가올 등록금을 본격적으로 준비할 때가 되면 손에서 떠나보내는 십 원에도 인색해질 게 뻔했기 때문이다. 이제 가지고 있던 렌즈 몇 개를 팔고 부지런히 준비해서 하나님께서 이루실 아름다움을 만끽하려 한다. 결국 아무 열매 없는 여정이라 할지라도 매시간을 축복하시는 우리 아버지를 신뢰한다.

아침에 예수님의 수태고지를 받은 마리아를 묵상하며 감격했다. 처녀의 몸으로 아이를 가진다는 것이 어떠한 위험을 무릅써야 하는 것인지 당시의 문화를 살피면 잘 알 수 있는데 어린 그녀는 이렇게 고백한다.

"주의 여종이오니 말씀대로 내게 이루어지이다" 눅 1:38

그녀가 특별히 더 용기 있거나 담대해서 그런 것은 아니었다. 그것은 아버지께서 하실 일에 대한 신뢰 때문이었다. 주님이 말씀하시면 그것은 분명 이루어진다는 믿음 때문이었다.

성령이 임하시고 지극히 높으신 이의 능력이 우리를 덮으시면 우리는 살 수 있다. 아버지의 뜻이 남종과 여종에게 이루어질 것이다.

쉬워 보이는 선택을 할까 두렵다

아내와 건강보험공단을 다녀왔다. 우리가 감당하기에 벅찬 보험료 때문이었다. 나는 거기에 대한 압박감이 있었다. 아내에게는 괜찮다, 감사하자 말했지만 오후 내내 무언가에 눌려 있는 기분이었다. 아빠이기에 남편이기에 느끼는 그 두려움을 털어내기 위해 스스로 기쁜 척도 해 보았지만 한없이 나를 누르고 있는 그 묵직함은 주님 앞에 예배드리며 그분을 만날 때까지 지속되었다.

    이 삶을 선택한 후에 수많은 기회들이 있었다. 스튜디오를 차려 준다는 회사의 제의부터 기독교 박물관을 평생 동안 촬영해 달라는 제의까지. 그때마다 나는 기도하고 결정하겠다고 한결같이 대답했다. 이렇게 결정하는 것이 옳은 것일까? 그냥 계산적으로만 결정하고 신앙은 신앙대로만 분리해서 고민하면 어떨까?

베다니의 마리아를 묵상했다. 그녀는 예수님의 발 앞에서 향유옥합을 깨뜨리고 자신의 머리카락으로 주님의 발을 씻었다. 그녀가 깨뜨린 옥합은 지금의 값어치로 3천만 원이나 되는 큰돈이었다. 가룟 유다는 그 상황에서 향유를 깨뜨리는 대신 300데나리온에 팔지 못했음을 아쉬워했다. 하지만 그녀에게 이 행위는 돈의 가치를 넘어서는 것이었다. 성경은 그것을 예루살렘으로 가서 고난당할 예수님의 죽음을 기념하는 행위라고 말한다.

사람들의 염려처럼, 아내의 염려처럼 나도 똑같이 염려하지만 언젠가 하나님은 기도 중에 "네가 염려하는 것에 대해 염려하지 말라"고 말씀하셨다. 나는 그 위로가 지금도 유효하다고 믿는다. 그래서 내 손에 잡히는 것이 하나 없어도 최소한 염려는 하지 말아야겠다고 다짐하며 살아간다. 염려하는 대신에 나는 주님을 의지하리라.

온통 흔들리는 삶, 그것이 두렵고 불안할 때가 많다. 흔들리는 삶 자체보다 내가 염려하는 것은 쉬운 선택을 하는 것이다.

심장이 지시하는 것이 아니라, 주님이 말씀하시는 것이 아니라, 그저 쉬워 보이는 선택을 할까 두렵다. 마치 주님이 안 계시는 것처럼 선택하고 살아갈까 두렵다.

하나님이 살게 해주시지 않으면
살 수 없는 인생이구나

이사하기 전날, 은행 직원에게 급하게 연락이 왔다. 그는 내일이 이삿날인데 갑자기 대출 자격이 안 된다고 말했다. 마음이 어려워야 할 상황인데, 어쩐 일인지 내 마음은 미동도 하지 않았다. 그는 이사 당일에 아침 일찍 은행에 나와 대출서류를 다시 작성해야 한다고 했다. 나는 여기에 의문이 생겨 물었다.

"내일이 이삿날인데 내일 아침에 가면 늦지 않을까요? 지금 당장 은행에 가서 서류를 작성해야 하지 않을까요?"

그는 한참 동안 말을 못하다가 조용한 목소리로 속삭였다.

"저… 오늘은 우리 목사님께서 오시는 대심방 날이거

든요."

나는 웃음을 참으며 전화를 끊었다. 처음 그를 만난 날, 그가 내민 명함에는 성경구절이 적혀 있었다.

"수고하고 무거운 짐 진 자들아 다 내게로 오라 내가 너희를 쉬게 하리라" 마 11:28

대출 업무를 맡은 직원 명함에 이런 성경 문구가 적혀 있다니, 처음에는 재미있다고 생각했다. 그런데 알고 보니 그는 창구에서 만나는 수많은 사람들에게 복음을 전해야 한다는 사명감을 품고 그렇게 적어 놓았단다.

그는 대출 업무만 20년 경력인데 이런 경우는 난생처음이라고 말했다. 이사 날짜를 전하며 두 달 전에 대출신청을 한 것인데, 그가 서류를 보관만 하고 꺼내 보지 않았던 것이다. 그러다가 바로 이사 전날에야 대출 자격이 안 된다는 사실을 알게 된 것이다. 그는 자신의 실수라며 신용대출, 마이너스대출 등 모든 방법을 사용해서 이사를 진행해 주기로 했고, 거기서 발생하는 모든 이자도 당분간 책임져 주기로 했다. 우리는 하나님이 살게 해주시지 않으면 살 수 없는 인생임을 다시 한 번 깨닫게 되었다.

이사 당일에는 은행 업무 외에도 너무나 많은 일들이 있었다. 이사가 늦게까지 이어졌는데, 인부들끼리 호흡이 맞지 않아 냉장고가 크게 넘어가는 사고가 발생했다. 냉장고가 쓰러지면서 그 충격으로 벽과 바닥이 찌그러지거나 패였고 장식장의 유리는 다 깨지고 말았다. 하필이면 아내가 정성껏 페인트칠한 벽면과 깨끗하게 코팅한 바닥이 심하게 훼손되고 말았다. 인부들은 하루 일당을 날렸다며 애꿎은 담배만 피워댔다. 우리도 마음이 좋지 않았다. 임부들이 종일 수고한 노력을 알았기 때문이다. 아내는 그들을 위해 먹을거리를 사가지고 왔다. 든든하게 먹고 다시 힘내시라고 응원하기 위해서였다.

이사를 하고 몇 달이 지나도록 훼손된 부분은 제대로 정리가 되지 않았다. 나는 주님이 주신 마음으로 그들을 선대했지만 모두가 내 마음 같진 않은 것 같다. 특히 아내에게 미안했다. 아내는 훼손된 벽지를 떼어내다 손가락도 몇 군데나 베었다. 잘못한 그들에게 처음부터 냉정하게 대해야 했던 것일까? 내가 선대했으니 상대방도 그럴 것이라고 생각한 것이 후회되었다.

하지만 상대의 반응과 상관없이 나는 주님이 주신 마음에 반응하게 해달라고 기도를 드렸다. 그러자 그렇게 억울하고 아팠던 일이 하루가 지나고 또 하루가 지나자 조금씩 정리가 되었다. 그리고 내가 처음에 생각했던 만큼 크고 대단한 일도 아님을 깨닫게 되었다.

전에 살던 집주인 아저씨로부터 전화가 왔다. 무슨 문제라도 있나 싶었는데 이사 잘했느냐는 안부 전화였다. 5년 동안 살았던 시간이 쌓여서 그랬는지 아쉬우셨던 모양이다. 부동산에서 집주인 아저씨는 내게 꼭 해주고 싶은 이야기라며 말씀하셨다. 자신들은 아직 절에 다니지만 당신의 아들과 손자는 교회에 다닌다고. 그 이야기를 듣고 기쁘고 감사했다. 부동산에서 일어나기 전에 아저씨의 두 손을 잡고 기도해 드렸다.

"아저씨도 꼭 예수님을 만나세요."

이사를 하면서 참 많은 일들이 있었다. 좋아 보이는 것과 좋아 보이지 않는 것들 모두….

"주님, 좋아 보이는 것을 선택하는 것이 아니라 주님이 기뻐하실 선택을 할 수 있도록 도와주세요."

아내는 여전히 나를 존경한다고 말해 준다

결혼한 지 8년이 되었지만 아내는 여전히 나를 존경한다고 말해 준다. 나는 이 말이 듣기 좋다. 나에게는 훈장과도 같은 말이기 때문이다.

다큐멘터리 사진을 찍으며 세계 여러 곳의 사람들을 만나 사랑하고 또 세상 모두를 사랑한다 말할지라도 내 가족을 사랑하지 못한다면 그 모든 것은 위선일 뿐이다. 가장 가까운 이도 사랑하지 못하는 사람이 어떻게 더 큰 세계를 안을 수 있겠는가. 내가 사람들 앞에서 아무리 멋지고 훌륭한 말을 한다 해도 가장 가까운 사람에게 외식한다는 평가를 듣는다면 그것은 실패라고 생각한다. 하지만 모든 이에게 손가락질 받아도 가장 가까운 이에게 인정을 받는다면 그 얼마나 가슴 벅찬 일인가.

그런데 아내는 내가 존경할 만한 가치가 있어서 나를 존경하는 것일까? 말과 글로는 멋져 보일 수 있지만 함께 살 때 정말 행복할 수 있을지는 의문이다. 왜냐하면 고민하지 않아도 될 많은 것들을 고민해야 하는 삶이기 때문이다.

언젠가 아내가 말했다. 첫 아이에게는 예뻐 보이는 옷을 거의 안 입혔다고. 이게 무슨 말인가 했더니 첫 아이를 기를 때 나는 아프리카에 우물 만드는 일로 분주했다. 아내는 아이에게 좋은 옷을 입히고 싶었지만, 남편이 하는 일을 함께 돕고 싶어 선물 받은 옷들을 다른 사람에게 모두 나누어 주었다고 했다. 나는 아내가 전해 준 말을 듣고 고맙기도 하고 몹시 미안하기도 했다. 나는 아내를 도닥이며 당신이 좋은 대로, 그저 엄마의 마음으로 자신의 역할을 하면 된다고 말해 주었다.

아내는 내가 존경할 만한 모양이 있어서 나를 존경한다고 말했을까? 나는 이것이 기도의 응답이라고 생각한다. 결혼하고 얼마 지나지 않았을 때의 일이다. 늦은 밤에 작업을 끝내고 안방에 들어가니 아내가 침대에 돌아누워 잠들어 있었다. 곤히 잠든 아내를 보는데 이런 생각이 들었다.

'하나님의 은혜 없이 사랑하며 살아갈 수 있을까?'

이 생각을 키워 나가는데 차츰 주님 앞에 두려운 마음이 들었다. 눈을 감고 한참 동안 누워 있는데도 그 마음 때문에 잠이 오지 않아 나는 아내의 다리 쪽에 무릎을 꿇고는 아내의 발을 주무르며 서너 시간을 울면서 기도했다.

"하나님, 당신의 은혜 없이는 아무것도 자신이 없습니다. 은혜 없이는 아내와 마주 보고 누워 있을 수조차 없습니다. 제가 기껏해야 할 수 있는 일은 아내를 제 힘으로 돌아 누이는 것뿐입니다. 만일 아내의 마음이 저로부터 등져 있다면 제가 할 수 있는 것은 아무것도 없습니다. 저는 사람의 마음을 얻을 자신이 없습니다. 그것이 저 혼자만 진실하고 정직하다고 되는 게 아니기 때문입니다.
하나님, 은혜를 주세요. 우리 가정을 긍휼히 여겨 주세요. 살다 보면 생기는 요령으로 인생을 사는 것이 아니라 아버지의 은혜로만 살게 해주세요. '너는 범사에 그를 인정하라 그리하면 네 길을 지도하시리라'는 말씀을 믿음으로 고백하며 주님을 우리 가정의 머리로 인정합니다. 우리 길을 지도해 주세요. 주님, 가르쳐 주세요."

그날 밤 아내의 발을 주무르며 기도하다 그렇게 잠들어

버렸다.

아내의 고백은 자격 없는 내게 주신 주님의 응답이었다. 아내의 존경을 얻을 수 있는 방법은 내가 주님께 기대고 엎드려 그분의 긍휼을 구하는 것이라 믿는다.

"주님, 자격 없는 제가 아내의 존경을 받을 수 있는 남편이 되게 해주세요."

Chapter 4

우리는 함께 결혼을 배워가고 있다

하나님은 문제가 아니라 문제 너머에 계신
당신을 더 깊이 알기 원하신다
하나님을 알 때 배우자도 알아볼 수 있기
때문이다

하나님은 내 결혼에 대해 관심이 없는 걸까요?

크리스천은 믿지 않는 사람들의 만남보다 결혼 조건이 훨씬 더 까다롭다. 이상형의 기준이 믿지 않는 사람의 기준을 상회한다고까지 말한다. 보통은 학벌과 외모, 직장과 집안을 보는데, 크리스천은 신앙이라는 기준까지 더하기 때문이다.

우리는 "하나님 한 분이면 충분합니다"라고 고백하지만 남들이 추구하는 가치도 놓치고 싶어 하지 않는다. 이왕이면 다홍치마이기에 많은 사람들이 서로의 이상형을 기다린다. 아직 내 눈에 맞는 사람을 만나지 못했다고 말하곤 한다.

많은 사람들이 말하는 그 기준이란 과연 무엇일까? 언

젠가 하나님께 그것을 두고 질문한 적이 있다. 많은 사람들이 결혼하기를 간절히 바라지만 원하는 상대를 만나지 못하고 있다. 그래서 그 긴 기다림 가운데 하나님이 자신의 문제에 대해 무관심하시거나 무능력하다고 결론을 내리고 만다.

이 부분에 대해 기도할 때 하나님께서 내 마음에 주신 감동이 있었다. 하나님은 문제가 아니라 문제 너머에 계신 당신을 더 깊이 알기를 원하셨다. 하나님을 알 때 배우자도 알아볼 수 있기 때문이다.

하나님께서는 우리가 그분을 보는 눈을 가질 때에야 비로소 하나님의 사람도 알아볼 수 있다고 말씀하셨다. 만남도 사명도 영혼도 생명도 모든 것이 하나님께 속한 것이기에 오직 하나님만을 구하라고 말씀하셨다.

"하나님이 제게는 아무 관심이 없는 것 같아요."

나는 청년들로부터 이와 비슷한 내용의 수많은 메일을 받았다. 나는 딸을 향한 아버지의 마음으로 편지를 썼다.

당신을 향한
아버지의 마음

사랑하는 자녀야,
내가 너를 잘 안단다.

"하나님께서 어떻게 나를 알고 내 마음을 알 수 있으실까?"
"하나님이 어떻게 지금 내 심정을 알 수 있으실까?"

너는 이렇게 말하지만 나는 너를 안단다.
네 마음에 감춰진 것들, 차마 내게 말하지 못하는 것들,
기도제목을 나누자고 할 때 사람들 앞에서 부끄러워
차마 말 못하는 그것까지도 나는 다 알고 있단다.
나는 네가 그 말하지 못하는 것들을 다 채워 줄 거란다.

"하나님께서 이것을 이뤄 주시면 얼마나 좋을까?"
"사람들한테는 차마 말하지 못하는 그것을 주님께서 이뤄
주시면 얼마나 좋을까?"

나는 네가 이렇게 말하고 생각하는 것까지도
기도로 받기 때문이란다.

만남의 때가 너에게 급하다는 걸 안단다.
그것을 내가 너보다 잘 안단다.
자녀의 결혼에 대해 부모의 마음이 더 애끓지 않겠니?
부모의 마음이 더 안타깝고 더 서두르지 않겠니?
이것이 나의 마음이란다.

"하나님은 내게 언제 귀한 만남을 허락하실까?"
"하나님은 나에게 무관심한 것 같아…."

너는 이렇게 말하지만 내 마음은 너보다 더 애가 탄단다.
귀한 사람을 허락하고 싶은 마음이 너보다 더 간절하단다.

너는 나를 찾으라.
말씀을 찾으라.
나를 바라보라.
나를 바라보는 그 눈을 회복하라.

그러면 내 안에 감춰진 귀한 배우자,

내 앞에서 신실하게 자기의 길을 걸어가고 있는
그리고 내가 세워 놓은 자리에 묵묵히 서 있는
그 사람을 발견하게 될 거야.

너는 나를 더 깊이 알아야 한단다.
네가 나를 알 때에 그 사람을 깨달으리라.
네가 세상의 눈을 가지고 있다면
그를 보고도 깨닫지 못하겠지만
네가 나를 바라보는 눈을 얻게 된다면
내가 너에게 인도한 그를 바로 알아보게 될 거야.

그것은 내 안에 감춰진 비밀을 볼 수 있는 눈이
네게 열렸기 때문이란다.

귀한 만남이 있을 테니 깨어 있으렴.
그날은 내가 허락하는 때에 이뤄질 것이란다.

다만 아름다운 신부의 몸으로
너 스스로를 단장해 가고
아름다운 사명의 길을 달려갈 귀한 일꾼으로서
네 심령의 그릇을 깨끗이 하며

너를 말씀으로 다듬고
말씀으로 아름답게 화장하고
말씀으로 아름답게 꾸미며
말씀으로 아름답게 입어서
네 영혼을 아름답게 꾸며 가거라.

그때가 오늘인가 내일인가
이 만남인가 저 만남인가 걱정하지 말렴.
너는 오직 나만을 구해야 한단다.
만남도, 사명도, 영혼도, 생명도
그 모든 것이 나에게 속한 것이니 너는 나만을 구하여라.

나는 너를 사랑한단다.
내게 기도하렴. 내게 부르짖으렴.
나의 때를 따라 부르짖으렴.
그때는 너의 달려갈 때이고 너의 만남의 때이며
네가 결혼할 때이고 네가 가정을 이룰 때이며
너를 통해 나의 뜻이 온전히 이뤄질 때란다.
오직 나만 구하렴.
내 안에서 그때가 임할 거야.

조급해하지 말렴.
나는 사람의 일을 그렇게 이루지 않는단다.
많은 사람들이 조급해하다가 삶의 현장에서 벗어나
자신의 사명에 충실하지 않지만
내가 이루는 일은 그렇지 않단다.
많은 사람들을 격려해 주고 세워 주고
그들의 삶의 현장에서 성실함으로 나를 구할 때에
내가 그 모든 것을 아름다운 역사 가운데 온전히 이뤄간단다.
이것이 나의 역사란다.

너는 내게 부르짖으라.
나는 너를 사랑하며 기뻐한단다.

주님이 우리 삶을 인도하실 때
당장의 삶의 문제들은 여전한 것 같아 보여도
결국 우리가 만들어 가는 가정을 통해
주님의 아름다운 뜻이 이루어질 것이다

연애와 결혼에 대한
Q & A

어떤 사람을 만나는 게 좋을까요?

1. 신앙 좋고 사역 잘하는 사람을 만나면 행복할까요?

내가 중국에서 만난 사역자 한 분은 정말 슈퍼맨 같았다. 이 사람이라면 지구의 절반이라도 바꿀 수 있을 것 같아 보였다. 4개 국어를 자유롭게 구사하고 현지인들을 목숨 바쳐 사랑할 줄 아는 그런 사람이었다. 신앙생활과 전도도 열심이었던 그는 부족한 게 하나도 없어 보일 정도였다.

우리는 우연히 같이 기도를 드린 것이 계기가 되어 매일 가족 단위로 함께 예배를 드리게 되었다. 그런데 그들과 일상을 함께하며 그의 가정에 냉랭한 기운이 흐르고 있음을 알게 되었다. 가정 안에서 아내와 아이들은 그를 신뢰하지 않았고 서로 간에 깊은 갈등의 골이 있었다.

그를 통해 지구의 반을 바꾼다 할지라도 가정을 잃게 되면 그게 다 무슨 소용일까? 가정을 내어주고 사역에 성공한다면 그것은 실패한 사역과 마찬가지라는 생각이 들었다. 촬영을 목적으로 중국에 왔지만 하나님은 내가 중국에 온 목적이 이 가정을 위한 것이라고 말씀하시는 듯했다. 그러했기에 이 가정을 위로하고 치유할 수 있었던 시간은 매우 값졌다.

떠나오기 전 사모님이 내게 조용히 말씀하셨다.

"하나님께서 우리 가정을 회복시켜 주셨습니다."

이 말이 중국을 떠나오는 내 마음을 얼마나 두근거리게 만들었는지 모른다. 이제 슈퍼맨 같은 그를 통해 진정 하나님이 하실 일들을 이루실 거라는 기대가 생겼다.

많은 목회지에서 "가정을 포기해야 사역에 성공한다"는 말을 한다. 하지만 하나님이 만드신 가장 첫 교회는 바로 가정이다. 처음에는 사역에만 관심을 가지는 것이 보다 효율적인 방법 같아 보인다. 가정을 방치한 채로 오직 사역에만 집중하면 어느 수준까지의 성과와 열매를 맛볼 수 있기 때문이다.

가정은 몸속의 작은 혈관과 같아서 평상시에는 간과해 버리기 쉽다. 하지만 문제는 바로 이러한 작은 혈관에서부터 시작된다. 오늘날 사역과 하나님의 큰일을 바라보며 충성하는 사람들이 참 많다. 그러나 결국 이 작은 것을 간과해서 나중에 얼마나 아파하는지 모른다.

어쩌면 사탄은 이것을 노리고 있는지도 모르겠다. "가정은 사탄이 갖고, 사역지의 성공은 너희가 가져라"는 전략 말이다. 반반의 승리를 나눠 가지는 듯 보이지만 결국 가정이 깨어지면 모든 것이 무너지는 것이다. 가정을 버린 사역과 성공한 교회를 주님 발 앞에 가져갔을 때 그분은 무엇이라 말씀하시겠는가? 하나님이 만드신 가장 첫 교회인 가정을 돌보지 않은 책임을 물으실지 모를 일이다.

2. 무조건 착한 사람을 만나면 행복할까요?

사람들마다 자기 고집과 취향과 기질이 있다. 그것을 바꾸기란 쉽지 않다. 심리학적으로 착한 사람들이 더 고집스럽다는 글을 본 적이 있다. 실제로 한 후배는 소처럼 순한 배우자를 두었지만, 그가 수년째 고집을 꺾지 않아 밤마다 눈물을 쏟는다고 말했다.

성질 나쁜 사람들은 화를 낼 때마다 주변에서 고약하다는 소리를 많이 해서 스스로도 자신이 어느 정도 잘못되었는지를 안다고 한다. 하지만 착하고 순한 사람은 주변에서 좋은 소리만 들어 자기 스스로 옳은 줄 알고 고집을 꺾으려 하질 않는다는 것이다.

3. 그렇다면 도대체 어떤 사람을 만나야 할까요?

나는 아내와 2년 정도 연애를 했는데 둘 다 더위에 약해서

인지 여름에는 "우리 만나지 말자" 하고 서로 만나지도 않았다. 그리고 일하고 작업하느라 데이트도 파주에 있는 헤이리에 한 번 가본 기억뿐, 연애하는 내내 흔히 말하는 데이트 한 번을 제대로 해 본 적이 없다. 하지만 결혼 후 아내는 "당신이 이렇게 짧은 시간 안에 바뀔 줄 몰랐다"며 놀라 했다.

내가 변한 이유는 바로 하나님이 그것을 원하셨기 때문이다. 연애할 때는 하나님께서 구체적으로 내게 무엇을 말씀하시지 않았다. 성경 어디에도 남자친구는 여자친구에게 어떻게 하라고 명기되어 있지 않다. 하지만 결혼을 준비하면서 하나님은 나에게 바뀔 것을 말씀하셨다.

에베소서 말씀을 묵상할 때, 남편은 아내 사랑하기를 그리스도가 교회를 사랑한 것같이 사랑하라고 말씀하셨다. 나는 이 말씀 앞에서 내가 기존에 갖고 있는 교회에 대한 생각, 결혼에 대한 생각, 가정에 대한 생각을 바꾸었다.

만일 선택할 수 있다면 지금 조금 고집스럽고 자신과 마음이 맞지 않더라도 "하나님이 말씀하시면 순종할 의지와 여지가 있는 사람을 만나라"고 답하고 싶다.

결혼이 이 지긋지긋한 상황에서 '도피처'가 되어 줄 수 있을까요?

보통 상처 있는 가정에서 자란 자매들은 변하지 않는 환경이나 폭력적인 아버지로부터 벗어나기 위해 자신을 구원해 줄 누군가를 만나기를 소원한다. 자신이 만날 남자의 자격이 백마 탄 기사까지는 아니어도 아버지보다 나은 남자면 된다고 생각한다. 결혼이라는 적법한 절차를 통해 이 지긋지긋한 가정에서 탈출할 기회를 노리는 것이다. 하지만 남자를 만나고 결혼을 준비할 당시에는 이것이 얼마나 위험한 생각인지 결코 알지 못한다.

   정도의 차이는 있겠지만 사람은 누구나 부패하여 죄로 물들어 있다. 적어도 원수 같은 아버지보단 낫겠지 하고 믿고 결혼하지만 결국 상대방의 밑천은 얼마 지나지 않아 드러나고 만다. 실제 주변에 이렇게 결혼한 사람들이 많다. 안타깝게도 대부분 결혼하고 얼마 지나지 않아서 이혼하고 말았다. 급하게 결혼한 것도 위험했지만 급하게 이혼한 것 또한 실수였다. 이처럼 아버지에 대한 상처로 인해 누군가를 도피처로 삼는 것은 대단히 위험한 일이다.

사실 주변을 둘러보면 문제없다고 할 만한 가정이 없다. 나 역시 결혼한 지 이제 8년이 되었고 결혼생활이 행복하다고 자부하지만 그렇다고 아무 문제가 없진 않다. '행복하다'는 것과 '문제가 없다'는 말은 동의어가 아니다. 이 세상에 당신을 구원해 줄 공주나 백마 탄 기사는 존재하지 않는다. 우리를 구원해 줄 분은 오직 예수님뿐이시다. 나는 아내와 종종 이것을 이야기하며 기도한다.

"남편은 아내를 만족케 할 수 없습니다. 아내는 남편을 만족케 할 수 없습니다. 우리를 만족케 하실 수 있는 분은 오직 예수님뿐이십니다."

연애나 결혼에 앞서 제 자신에게
어떤 질문을 던지면 좋을까요?

어느 날, 한 자매를 인터뷰했다. 선교사 자녀였던 그녀는 부모와 떨어져 오랫동안 외국 학교 기숙사 생활을 해 오며 책을 사랑하게 되었고 책 속에서 수많은 지식과 지혜를 얻었다. 내가 만난 어떤 사람보다 넓고 깊은 독서를 이어 나가는 그녀는 일주일에 10권 이상의 두꺼운 전문서적들을 읽었고 인문학과 종교, 신학, 미학 등 다양한 관심 분야를 찾았다. 뿐만 아니라 구도자적인 삶을 추구해서 실제로 프랑스의 수도원들을 살피며 하나님을 만나 살기를 소원하기도 했다. 그러던 중 결혼을 하게 되었는데 시부모님이 무척 자상하고 인격적인 분들이셨다.

"너는 이제 결혼했으니 우리 딸이다."

그녀는 이 말이 무척 인상 깊었고, 결혼 이후로 매일 새로운 감정을 경험하게 되었다고 말했다. 자신을 항상 어디론가 떠나야만 할 것 같은 존재로 여겨왔는데 드디어 영혼의 안식처가 생긴 것이다. 나는 육신의 부모님에 대한 그녀의 인식이 하나님과의 관계에도 영향을 끼치지 않았을까

하는 궁금증이 생겨 이렇게 물었다.

"혹시 결혼 이후에 경험한 이러한 일들이 하나님에 대한 인식을 바꾸진 않았나요?"

"네, 이전에 하나님은 제가 어떤 잘못을 저지르면 처벌하고 외면하는 분이셨어요. 하지만 그 하나님이 제 아버지의 상(象)이었음을 이제야 깨닫게 되었어요."

예수님을 믿는 사람은 누구나 그분을 '안다'고 생각한다. 하지만 그 앎이 가족과 여러 인간관계를 통해 생긴 결핍으로 얼마나 왜곡되어 있는지 모른다. 그녀는 신학과 철학에 심취하기도 했고 구도자적인 삶을 살기도 했기에 누구보다 많은 지식과 정보, 경험을 가지고 있었다. 하지만 결혼 전에는 이런 부분들에 대해 전혀 깨닫지 못했다.

얼마나 많은 사람들이 하나님을 왜곡되게 알고 있을까? 답을 말할 수 있다는 것과 자신이 정말로 믿고 인식하고 있다는 것은 서로 다른 것이다. 하나님에 대한 지식만 가득하면 그분을 존경하거나 두려워할 수는 있더라도 사랑할 수는 없다. 그분은 얼마나 아름다운 분이신가.

나는 육신의 아버지와의 경험이 하나님을 바라보는 상을 만든다는 것을 알고 난 후로 자녀들이 나를 통해 하나님을 바라볼 수 있도록 노력하고 있다. 하지만 내 육신이 가진 한계로 인해 얼마나 많은 결핍이 있는지 모른다. 아마 그 구멍을 그린다면 세상의 모든 종이로도 모자랄 것이다. 감사한 것은 하늘 아버지는 그렇지 않으시다는 사실이다. 하나님 아버지는 육신의 부모에게 있는 결핍이 조금도 없으신 분이다. 이 얼마나 기쁜 소식인가?

하나님은 우리 아버지이시다. 우리는 먼저 그 하나님이 나의 아버지인가를 진지하게 생각해 보아야 한다. 정말로 나의 아버지라고 믿고 있는가에 대한 질문을 자신에게 던져 보라. 이 질문에 답을 얻는다면 어떻게 살아갈 것인가에 대한 답도 탄력을 얻게 될 것이다. 그 답이 희미하다면 내가 살아갈 길도 희미해질 것이다. 하지만 그 답이 오늘 내 삶에 선명하다면 우리는 오늘을 선명하게 살아갈 수 있을 것이다. 그리고 우리가 가진 모든 두려움은 힘을 잃어 갈 것이다.

두려움 때문에 결혼을 포기했어요

한 자매와 이야기를 나누게 되었다. 그녀는 가정을 이루고 아이를 낳는 것이 두렵다고 말했다. 당시 그녀는 분당에 있는 어느 산부인과 창구에서 상담하는 일을 하고 있었다. 적어도 매일 5명씩 3년 이상 산모들을 만나 상담했으니 지금까지 3천 명 이상은 만났을 것이다. 그런데 그중 70퍼센트는 불륜 등 문제가 있는 가정이었다.

사람들은 상담을 하면서 친구에게도 가족에게도 할 수 없는 이야기를 그녀에게 다 쏟아냈다. 하나같이 믿기 어려운 사연이었다. 부부가 각각 다른 정부를 두고 있거나 뉴스로만 접하던 스와핑에 대한 이야기도 있었다. 그리고 요즘은 어린 학생들도 산부인과를 찾아와 사후피임약을 처방받아 간다고 했다.

그녀는 문제없는 가정을 이루고 문제없는 자녀를 길러낼 자신이 없어 결혼을 포기해 버렸다고 했다. 그러나 문제를 묵상하게 되면 누구나 문제에 압도당하고 만다.

구약시대 때 하나님을 모욕하는 가나안 거민과 골리앗이 있었다. 정탐꾼들은 가나안 거민들이 싸워서 이길 수 없을 만큼 너무나 커 보였기에 하나님이 인도하신 땅을 향해 악평을 늘어놓았다. 사울뿐 아니라 하나님의 용사 '요나단' 조차도 골리앗 앞에서 침묵했다. 하지만 우리는 자신과 대적을 비교하는 것이 아니라 하나님과 골리앗을, 하나님과 가나안 거민들을 비교해야 한다.

> "그 땅 백성을 두려워하지 말라 그들은 우리의 먹이라 … 여호와는 우리와 함께 하시느니라 그들을 두려워하지 말라" 민 14:9
> "너는 칼과 창과 단창으로 내게 나아오거니와 나는 만군의 여호와의 이름 곧 네가 모욕하는 이스라엘 군대의 하나님의 이름으로 네게 나아가노라" 삼상 17:45

네피림 후손인 아낙 자손의 거인들을 볼 때 이스라엘 정탐꾼들은 스스로를 메뚜기같이 보았다. 실제 눈에 보이는 모습을 그들은 두려움 가운데 진술했다. 그런데 그 땅을 정탐한 자들 중 여호수아와 갈렙은 자기들의 옷을 찢으며 '여호와가 우리와 함께하시기에' 그들은 우리의 밥이라고 말했다.

똑같은 상황 가운데서 이들은 상반된 진술을 보였다. 이 차이는 바로 눈에 보이는 현상을 두려워할 것인가, 눈에 보이진 않지만 살아 역사하시는 하나님을 두려워할 것인가에 대한 문제였다. 하나님께는 모두가 두려워 떠는 이 열방이 통의 한 방울 물과 같다(사 40:15). 그분은 하늘을 보좌 삼으시고 땅을 발판 삼으시는 분이다(사 66:1). 그리고 바로 이 하나님이 우리 아버지 되신다. 그것은 누구를 경배할 것인가에 대한 문제이다.

두려움이라는 감정은 하나의 힘과 같아서 우리를 꼼짝하지 못하게 만든다. 하지만 두려움보다 더 큰 힘이 미치게 되면 그 두려움은 사라지고 만다. 예를 들면, 돈을 두려움을 해결하기 위한 수단으로 삼을 수 있다. 당신은 1억이면 두려움의 상당 부분을 해결할 수 있다고 여기는가? 하지만 두려움의 문제를 해결하기 위해서는 천문학적인 돈이 필요하며, 그것으로도 근원적인 문제를 해결하지 못해 갈증을 느끼게 될 것이다. 두려움은 두려움보다 크신 하나님을 만남으로써 해결해 나갈 수 있다.

하나님이 주신 작은 돌멩이가 원수를 넘어뜨리고 말 것이다.

솔로일 때의 시간을 어떻게 보내면 좋을까요?

사람은 무언가를 선택하고 행동할 때 무의식적으로 반응하는 경우가 많다. 그 무의식적인 반응은 우리가 평소에 생각하고 묵상하는 대로 향하게 된다. 성경 속에 면면히 드러난 다윗의 숨결은 치열하게 주님의 마음을 향한다. 사무엘이 이새의 집에 기름을 부을 사람을 찾으러 갔을 때 다윗은 이름조차 없는 막내였고, 집안의 성대한 잔치에도 초대받지 못했다. 하지만 그는 기름 부음 받은 이후로 줄곧, 심지어 환란의 시간 속에서도 하나님을 바라며 그의 마음을 조성했다.

하나님의 약속에도 불구하고 그는 극심한 고난 속에서 광야의 삶을 살아야만 했다. 하지만 그는 여전히 하나님의 인자와 진실을 믿으며 자신의 마음의 방향을 온전히 주님께 향했다. 결국 주님은 다윗을 향해 "내 마음에 합한 자"라고 말씀하셨다.

성경의 많은 부분이 우리의 마음에 주목하고 있다. 그러기에 우리의 마음을 조성하는 것은 매우 중요하다. 무엇보다 혼자 있는 시간을 어떻게 보내느냐는 우리의 마음을 준비하는 일생일대의 중요한 훈련이다.

나는 주로 대중교통을 이용하는 편인데, 창밖 풍경을 내다보며 늘 주님께 묻곤 했다.

"주님, 이 풍경이 보이시죠?"

"왜 제가 만난 사람은 이런 절망을 경험해야만 할까요?"

그런데 스마트폰을 사용하게 된 후부터는 그런 질문들이 급격하게 줄어들기 시작했다. 필요한 정보가 있으면 스마트폰을 사용해서 이리저리 검색해 보는데 이런 편리함이 하나님과의 대화를 단절시킨 것이다. 내가 원하면 즉시 열어 볼 수 있는 스마트폰이 하나님과 나의 연결 플러그를 뽑아 다른 영역의 플러그로 연결해 버린 것이다. 그렇게 되면 하나님과의 대화가 뚝뚝 끊겨 버리고 만다.

하나님과의 지속적인 연결이 끊어져 버리면 세상과의 연결이 원활해진다. 그러면 우리는 새로운 자아상을 정립해야만 한다. 사람들은 상대적인 것으로 자신의 가치를 자리매김하기 때문이다. 혼자만의 시간 안에서는 아무렇지도 않은 것들이 온갖 미디어와 광고를 통해, 또는 다른 누군가와의 비교를 통해 초라하게 느껴지거나, 우쭐한 마음이 들거나 하는 것이다.

어느 심리학 보고에서 "혼자 있는 시간을 어떻게 보내느냐가 사람의 내적 성숙을 말해 주는 하나의 잣대"라는 제목을 본 적이 있다. 결혼한 이후에는 혼자 있는 시간을 가지기 힘들다. 그러기에 자신의 공간, 자신의 시간이 허락되는 동안, 여러 책과 여행으로 삶의 다양한 경험을 하는 것이 자신뿐 아니라 배우자를 이해하는 데 많은 도움이 된다.

무엇보다 혼자 있는 시간은 하나님과의 긴밀한 관계를 만들어 준다. 그것은 하나님이 나를 평가하시는 시간이기도 하다. 혼자 있을 때는 자신을 보게 되며 하나님과 만나게 된다.

내가 나를 어떻게 인식하고 있는지와 상관없이 하나님은 우리를 특별한 존재로 여기신다. 하나님은 우리를 그리스도 예수 안에서 선한 일을 위하여 지으셨으며, 택하신 족속, 왕 같은 제사장이요 거룩한 나라, 그의 소유가 된 백성이라 말씀하신다.

혼자 있을 때 감사할 수 없고 행복하지 않은 인생은 배우자를 만난다고 해서 크게 달라지지 않는다. 주님과 함께하는 시간을 만족할 수 없다면, 어떤 사람을 만나도 그 시간에는 빈자리가 있다. 주님 앞에서 자신의 마음을 살피고 주님과 지속적으로 사귀는 시간은 앞으로 만날 배우자를 위해서도 절대적으로 필요한 시간이다.

배우자를 위해 1시간 기도한 사람과
10시간 기도한 사람은 어떤 차이가 있나요?

임신한 아내가 집을 나서는 내게 물었다.

"오늘은 집에 하루 종일 있어 주면 안 돼?"

"응, 그래. 약속 시간을 조정해 볼게."

"아니야, 나가서 일 봐. 나는 하루 종일 오빠가 집에 있었으면 좋겠지만 그러면 안 될 것 같아."

나는 한편으론 기분 좋게, 다른 한편으론 미안한 마음으로 집을 나섰다.

결혼 전에 아내는 이렇게 기도했단다.

"내가 사랑하는 사람, 예수님을 잘 믿는 사람, 그리고 무엇보다 많이 벌지 않아도 되니까 회사 안 다니는 사람과 결혼하게 해주세요."

당시 아내는 건설 회사를 다니고 있었는데, 남자직원들은 일주일 내내 밤 10시 이전에 퇴근한 적이 없을 정도로 업무가 바빴단다. 그래서 가난한 걸 감수하더라도 회사 다니는 사람과는 결혼하면 안 되겠다는 생각을 한 것이다. 하나님은 아내가 기도한 대로 응답해 주셨다. 하지만 나는 회사만 다니지 않을 뿐, 회사 다니는 사람보다 더 바쁘게 움직였다. 이런 나를 보며 아내는 조금 더 구체적으로 기도하지 못한 것을 후회했단다.

사람들은 결혼 전에 각자의 배우자를 위해 기도한다. 학력과 인물, 집안과 인품 등 하나에서 백까지 항목을 놓고 배우자를 위해 기도한다. 후배 하나가 내게 걱정스럽게 말했다. 하나님이 주신 기도제목들이 있어서 나라를 위해, 교회를 위해, 친구들을 위해 기도하다 보면 시간이 훌쩍 지나가 매번 자신의 배우자를 위해서는 기도할 시간이 없다고 말이다. 나는 배우자를 위해 1시간을 기도한 사람과 10시간을 기도한 사람과의 차이가 무엇일지를 그에게 질문했다. 과연 어떤 차이가 있을까?

과연 우리 아버지는 배우자를 위한 기도를 측량하여 결혼생활을 행복하거나 불행하게 만드는 분이실까? 결혼정보회사에서는 사람들의 인물과 직장에 따라 등급을 나누어 놓는다. 만일 배우자를 위해 더 많은 시간을 기도하면 상위 등급의 배우자를 얻게 되는 것일까? 배우자를 위한 기도의 무용(無用)을 말하려는 것이 아니다. 다만 우리가 정성껏 배우자를 위해 기도한 만큼의 상대를 만나느냐 하는 것이다.

내가 원하는 배우자상이 너무 이기적인 것은 아닐까?

그런 상세한 배우자 항목에 걸맞은 대상이 세상에 존재할지 의문이다. 역으로 생각하면 우리를 주님의 신부라고 하는데, 과연 우리는 주님의 배우자로서 거기에 합당한 대상일까? 나는 배우자에 대한 구체적인 기도제목이 없었다. 하지만 기도제목만 없었을 뿐, 나 또한 배우자에 대한 관점은 앞서 말한 것과 큰 차이가 없었다고 본다.

나는 결혼한 후, 한동안 나를 위해 아내가 존재한다는 생각을 했다. 그런데 기도드릴 때 주님은 내게 이런 마음을 주셨다.

"명경이를 사랑하고 사랑해 줄 사람을 찾고 찾다가 가장 사랑해 줄 사람으로 너를 찾았단다."

순간 놀랐다. 나를 위해 아내가 존재한다는 생각은 철저한 착각이었던 것이다. 하나님은 아내를 사랑해 줄 사람으로 나를 찾으셨다. 상대방이 나를 위해 존재하는 사람이라 여기게 되면, 살아가면서 그 기대만큼이나 큰 실망과 불평이 찾아올 것이다.

아내가 자신에게 복종한 숫자를 세어다가 그 측량 값만큼만 남편이 아내를 사랑한다고 생각해 보자. 이런 논리대로라면 결혼생활은 이해타산적이 되어서 불행해질 수밖에 없다. 비단 결혼뿐 아니라 일반적인 관계로 확대하더라도 다른 사람들을 나를 위해 존재하는 사람으로 보게 되면 문제는 같아진다. 하지만 나는 나를 위해 존재하는 것이 아니다. 먼저는 주님이 나를 위해 존재하시는 것이 아니라 내가 주님을 위해 존재한다. 아내가 나를 위해 존재하는 것이 아니라 내가 아내를 위해 존재한다. 내가 아내를 위해 존재하는 것이라면 관계에 대한 해석도 달라진다. 아내가 내게 어떻게 대하느냐에 따라 내가 반응하는 것이 아니라, 나는 예수님이 교회를 사랑하신 것처럼 아내를 사랑해야만 하는 것이다.

교회가 예수님을 사랑한 양을 측정해서 그 측량 값만큼만 예수님이 교회를 사랑하신다는 말은 상상할 수조차 없다. 나의 비교대상은 아내가 나를 어떻게 사랑했는지가 아니라 그리스도가 교회를 어떻게 사랑했느냐이다. 상대가 내게 무엇을 어떻게 순종하고 사랑했느냐의 문제와 별개로 나는 예수님처럼 아내를 사랑해야 한다. 예수님의 마음을 구할 때, 어느 순간엔가 그분의 마음이 손에 잡히게 될 것이다.

연애할 때에는 아내와의 스킨십을 꺼리는 편이었다가 결혼한 후에는 내가 적극적으로 스킨십을 하는 편이 되었다. 운전할 때도 신호를 받아서 대기할 때마다 아내의 손을 잡곤 한다. 간혹 아내가 아무 의도 없이 손을 뿌리치는 경우가 있는데, 그때 괜한 굴욕감이나 모욕감이 느껴지기도

한다. 그러면 아내의 무표정한 얼굴을 바라보면서 예수님의 마음이 되어 이렇게 기도하곤 했다.

"제가 아무 의도 없이 당신의 손을 뿌리쳤을 때, 주님도 이런 감정을 느끼셨나요? 만일 그랬다면 죄송해요. 의도치 않게 아프게 해드렸네요."

"제가 당신과 함께 있을 때, 무표정한 표정을 지으면 마음이 어떠셨나요?"

혹은 아내의 친절함과 섬김에 기분이 들뜨는 반대의 상황들을 만날 때도 나는 예수님의 감정을 느끼려고 애썼다. 물론 그것이 주님의 직접적이거나 절대적인 감정이라고 오해하진 않는다. 하지만 이런 연습을 통해 나는 교회 역할을 맡은 아내를 향해 충실하게 예수님의 역할을 맡으려 했다.

무엇보다 온종일 주님의 마음이 무엇인지 묻고 또 물으며 주님과 호흡하기 위해 애썼다. 주님처럼 사랑하기 위해 더욱 애썼고, 신랑 되신 주님의 마음을 더욱 간구했다. 왜냐하면 교회를 지극히 사랑하는 예수님처럼 나는 아내를 위한 나이기 때문이다.

음란한 생각이나 행동이 어떤 영향을 끼치나요?

청년들을 상담할 기회를 자주 가지는 편인데 요즘 청년들의 음란 문제는 심각할 정도이다. 손을 들어 주님을 찬양하게 하고 신실하게 공동체를 이끌어 가는 찬양사역자들이나 리더들조차도 연애에 있어서는 세상과 매우 닮아 있었다. 공동체 내에서 교제를 하다가 낙태 수술로 이어지는 경우도 공공연한 비밀이었다. 그로 인해 공동체가 입은 상처는 둘째 치고 당사자들이 겪어야 하는 고통은 이루 말할 수 없을 정도로 깊었다.

언젠가는 선교사를 꿈꾸는 청년의 컴퓨터를 사용하다가 숨겨 놓은 몇 백 기가 바이트의 포르노 폴더를 발견했던 적도 있다. 그는 일주일 단위를 쪼개서 노방전도를 하거나 사람들과 함께 성경공부를 인도하는 신실한 청년이었기에 더욱 놀랐던 기억이 있다. 그는 아무도 모르는 곳에 자신만의 음란한 성을 만들어 둔 것이다. 이것이 지금 교회의 아픈 현실이다.

나는 사람을 믿지 않고 어떤 영역에서는 남자를 믿지 않는다. 왜냐하면 내가 나를 믿지 않기 때문이다. 결혼 후 아내는 내게 "결혼해 보니 오빠도 참 야하다"라는 말을 한 적이 있다. 거룩하게 살려고 노력하지만 아내가 가까이서 본 나조차도 음란이라는 영역에서 자유로울 수 없다. 그나마 결혼이라는 합법적인 테두리 내에서 누리는 성은 주님이 허락하신 신비와 아름다움에 속한다. 하지만 결혼 이외의 성은 단편적이고 자극적인 쾌락 이외에 깊은 상처와 패배감만을 남기게 된다.

많은 사람들이 평신도와 목회자는 다를 것이라 생각하지만 인간은 누구나 생물학적 본능에서 벗어날 수 없다는 점을 인식해야 한다. 이런 측면에서 주님의 은혜를 맛본 후에는 자신의 의지에 대해 신뢰를 갖지 않도록 주의해야 한다. 스스로 통제하고 살아갈 수 있다는 자존자로서 의지와 신뢰를 갖게 만드는 것은 사탄이 원하는 바이다. 아무것도 모를 때에야 죄에 탐닉하는 것이 즐거움이 될 수 있겠지만 은혜를 맛본 후에 죄악 속에 빠져 있는 자신을 발견한다는 것은 지독한 악몽이기 때문이다. 그런 죄악이 되풀이될 경우 기도는 형식적이 되고 영성은 연극하듯 외식할 수 있으며 회개는 어느 순간 멈춰질 수 있다.

결국 오늘의 은혜는 오늘만을 살게 할 뿐이라는 말이 진실이다. 내 마음은 음란함이 뒹굴어야 하는 공간이 아니라 그리스도의 집이며 내 몸 또한 그리스도께서 거하시는 거룩한 성전이다.

혼전 성관계, 어떻게 생각하세요?

죄는 수없이 많지만 성경은 특별히 음란에 대해 주목하고 있다. 요즘은 미디어와 문화의 영향으로 혼전 성관계가 일반화되어 가는 추세이다. 이 문제를 한 개인의 문제에서 교회와 하나님 나라의 이야기로 확대시켜 생각해 볼 수 있다.

> "한 아내의 남편이 되며 절제하며 신중하며 단정하며 나그네를 대접하며 가르치기를 잘하며 술을 즐기지 아니하며 구타하지 아니하며 오직 관용하며 다투지 아니하며 돈을 사랑하지 아니하며 자기 집을 잘 다스려 자녀들로 모든 공손함으로 복종하게 하는 자라야 할지며 (사람이 자기 집을 다스릴 줄 알지 못하면 어찌 하나님의 교회를 돌보리요)"

딤전 3:2-5

직분에 대한 바울의 자격 규정은 하나님의 나라와 가정이 얼마나 본질적으로 얽혀 있는가를 보여 준다.

성경은 결혼이 남자와 여자가 한 몸이 되는 것이라고 말한다. 그것은 성적으로 하나 되는 것을 포함해 브리스가와 아굴라가 자신들의 목숨까지도 아끼지 않는 것(롬 16:4)처럼 모든 영역에서의 신뢰와 공유를 의미한다.

성경은 한 남자와 한 여자의 관계를 한 몸이라고 해석하는 것과 동시에 남편은 그리스도가 교회를 사랑한 것같이 아내를 사랑하고, 아내는 남편에게 그리스도께 복종하듯 하라고 말하고 있다. 이를 통해 한 남자와 한 여자의 관계는 그리스도와 교회의 관계와도 같음을 볼 수 있으며, 바울이 선언하는 것처럼 이 놀라운 비밀은 가정에 한한 것이 아니라 그리스도와 교회에 대한 말로 확장된다.

> "창녀와 합하는 자는 그와 한 몸인 줄을 알지 못하느냐 일렀으되 둘이 한 육체가 된다 하셨나니" 고전 6:16

앞서 살핀 것처럼 한 몸을 이룬다는 것은 성적인 부분을 넘어 모든 영역에서의 공유로 확대된다. 하지만 혼전 성관계나 간음은 배우자 이외에 또 다른 3자와 성행위를 갖는 것을 의미한다. "음행을 피하라 사람이 범하는 죄마다 몸 밖에 있거니와 음행하는 자는 자기 몸에 죄를 범하느니라"(고전 6:18)는 말씀처럼 달콤함을 가장한 치명적인 상처와 죄의 결과들이 내포되어 있는 것이다.

더구나 청년들의 혼전 성관계는 미래의 배우자에게 죄

를 범하게 되는 것이기도 하다. 바울은 자신의 서신서에서 죄를 나열할 때마다 음행과 음란을 빠뜨리지 않는다. 그 이유는 성적인 혼탁함이 그리스도와 교회의 관계, 하나님의 나라에까지 영향을 끼치기 때문이었다.

수많은 정욕을 향유하는 것은 결코 지혜로운 행동이 아니다. 이것은 만남 그 자체를 경계하라는 말이 아니다. 다만 타락한 문화 속에 주님의 눈으로 사람을 만나고 사귀는 분별이 필요하다는 말이다.

이상형과 결혼해야 행복하지 않을까요?

결혼하기 전까지도 아내는 내 이상형이 아니었다. 아내에게 물어봤더니 아내도 내가 이상형이 아니었다고 한다. KBS〈인간극장〉에 뇌성마비 시인 재완 형이 출연하게 되면서 자연스레 내가 몸담고 작업했던 버드나무가 방송에 노출되었다. 방송을 보고 많은 사람들이 궁금했던 점을 내게 전화로 문의해 왔고 나는 사람들의 과도한 관심이 부담스러워서 일부러 무심하게 전화를 받았다. 아내도 문의전화를 한 사람이었고 아내는 내가 매우 불친절한 사람이라고 생각했다고 한다. 그해 연말에 버드나무에서 작은 콘서트를 열게 되었는데 나는 청중들 앞에서 자기소개도 제대로 하지 못하던 부끄럼 많은 청년이었다. 아내에게 비춰진 나는 이래저래 부족함 많은 사내였다. 그런 의미에서 우리에게 첫인상은 결혼의 조건이 되지 않았다.

아내와 결혼을 하고 하나님이 가르쳐 주신 원칙을 따라 아내를 사랑하고 또 사랑하기를 애쓰는 동안, 그제야 사랑이 무엇인지 조금씩 알 수 있게 되었다. 결혼 전 사진과 결혼 후 사진이 다르게 보일만큼 결혼한 이후의 아내가 더 아름다워 보인다. 이것은 은혜의 범주라고 생각한다. 은혜가 장막을 덮으면 '사랑하게 된다'.

크리스천은 배우자보다는 '동역자'를 찾아야 하지 않나요?

아내가 내 작업에 도움이 될 수 있는 사람을 만나라며 헤어지자고 했을 때 나는 이렇게 말했다.

"나는 함께 일할 사람을 찾거나 그 사람을 만나서 결혼하려는 게 아니야. 네가 내게 어떤 도움을 줄 수 있어서 만나는 게 아니라 사랑하기 때문에 만나는 거야."

배우자를 찾을 때 흔히 하는 실수가 바로 손발이 잘 맞는 동역자를 찾으려고 하는 것이다. 물론 직장에서 같이 일을 하거나 공동체에서 같이 사역을 하다가 호흡이 잘 맞아 호감이 생길 수는 있다. 하지만 일을 처리하는 능력만으로 상대를 선택해서는 안 된다. 함께 살아갈 사람이 필요한 것이지 직장 동료처럼 호흡을 맞춰 일할 사람을 찾는 것이 아니기 때문이다.

호흡이 맞지 않아서 이해가 필요한 부분은 함께 살아가면서 충분한 시간을 두고 서로를 이해하고 포용해 나가면 된다. 그러나 충돌을 피하고 삶의 사이클을 유연하게 하기 위해 배우자를 선택한다면 또 다른 예측 못할 문제를 만나게 될 것이다.

우리는 각자의 환경과 삶의 패턴으로 형성된 습관과 성격으로 30년 가까이 살아온 사람들이다. 그런데 그저 삶의 사이클 하나 맞춘다고 서로 간에 충돌을 피할 수 있을까?

좋은 신앙의 선배를 만나면 더 좋겠죠?

공동체 안에는 '리더와 새신자' 커플이 꽤 많다. 아무래도 리더라는 권위가 있어서 새신자가 교제를 거절하지 못하는 것 같다. 물론 신앙적 공감대가 잘 이루어져서 커플이 되는 경우도 많다.

연인 사이에 신앙적 공감대가 잘 이루어지는 것은 좋은 일이지만, 함께 가족으로 살아갈 부부로서 필요한 영역은 영적 부분이 전부가 아니다. 결혼을 하게 되면 성격과 습관을 포함해서 전체 삶과 삶이 부딪치게 된다.

좋은 신앙의 선배가 모두 배우자일 필요는 없다. 깊이 있는 영적 교제는 배우자로부터가 아니라 여러 다른 통로로 충분히 채워질 수 있다. 그리고 아직 신앙적인 경험이나 믿음이 작아 보이는 사람일지라도 주님이 만나 주시면 자라날 수 있다.

이왕이면 조건 좋은 사람을 만나는 게 낫겠죠?

하나님이 예비하신 사람을 만나기 위해서는 선입견과 기대를 조정할 필요가 있다. 사람들은 이왕이면 좋은 조건에 신앙 좋은 배우자를 원한다. 하지만 모든 조건을 갖춘 사람은 상상 속에나 존재할 뿐이다.

머리 좋고 재력 있는 가문의 금수저 자녀가 행복할까? 부러움의 대상은 될 수 있지만 그 사람에게 행복한지를 질문한다면 쉽게 답할 수 없을 것이다. 물론 그 사람과 결혼했을 때 결혼생활이 행복할지는 더더욱 알 수 없다. 모든 조건을 갖춘 배우자가 아니라 하나님이 예비하신 배우자를 만나길 원한다면 그것은 하나님의 시선을 회복할 때에야 가능한 일이다. 그러기 위해서는 내가 기존에 무장했던 선입견과 기대를 조정해야 한다. 그래야 새로운 시야를 가질 수 있다.

앞을 보지 못하셨던 장인어른은 목사님이 되셔서 헌신적으로 섬을 돌아다니며 전도를 하셨고 부흥회를 이끄셨다. 앞을 못 보셨을 뿐 아니라 추운 겨울에 금식기도를 하다 코에 동상까지 걸려 볼품없는 외모를 지니고 계셨다. 하지만 장모님은 기도 중에 새로운 시야로 장인어른을 바라보게 되셨다. 하나님이 예수님을 품은 장인어른의 내면의 아름다움을 보여 주신 것이다. 그리고 동시에 외모는 멋지지만 냄새나고 곪아 있는 수많은 사람들의 내면도 보여 주셨다고 한다. 그렇게 두 분은 결혼을 하게 되셨다.

이처럼 하나님이 각 사람의 내면을 빛으로 비추실 때 기존의 사고와 가치관이 바뀌게 될 것이다.

외모는 아니더라도 장래성은 꼭 봐야겠죠?

배우자를 선택할 때 외모는 보지 않더라도 그 사람의 장래성을 보라는 말을 자주 듣는다. 그런데 소통할 줄 알고 결단력 있고 끈기 있는 사람이라면 어느 정도 장래성 있는 사람이 아닐까?

내 딸에게도 여기에 몇 가지 사항을 추가하고 조합해서 이런 마음과 태도를 지닌 사람을 권해 줄지 모르겠다. 하지만 나는 이런 조건을 가진 사람을 찾아 나서라고 말하지는 않을 것 같다. 물론 이런 조건을 가졌다면 출발선상에서 더 높이 날아갈 수 있을 것이다. 하지만 결혼의 목적과 목표는 남들보다 더 높이 더 멀리 날아가는 것이 아니다.

그 사람의 장래성을 보라는 말은 그 사람의 안정적인 미래를 바라보라는 말과 같지 않다. 바울의 장래성은 예루살렘에서 결박당하여 로마로 압송될 운명이었다.

나는 부지런히 사람들을 만나면서 사람들에게는 각각의 보석이 있다는 것을 알게 되었다. 그런데 그 보석은 각각의 단면을 가지고 있어서 바라보는 각도에 따라 장점 혹은 단점으로 나타날 수 있다. 깊이를 추구하다 보면 소통이 약한 사람을 만나게 되고, 결단력을 따지다 보면 주변을 돌아보지 못하는 사람을 만나게 된다. 끈기를 가졌기에 고집스러울 수밖에 없는 게 인간이다.

자신의 배우자에게 꼭 필요하다고 생각했던 모든 조건을 다시 점검해 보라. 그 조건이 정말 무엇을 말하고 있는지 그 이면도 생각해 보라.

보석 같은 사람인데 너무 가까운 사람이어서 놓칠 수 있다. 가까운 사람의 장점이 평범한 일상이 되어 버리기 때문이다. 너무 가까우면 보이지 않는 법이다. 모세도 하나님이 가장 가까이 다가오셨을 때는 그분을 보지 못했다. 하나님이 지나간 후에야 그분의 등만 보지 않았는가?

그리고 짧은 만남으로 성급하게 판단하지 않아야 한다. 단면으로는 결코 그 사람의 진정성을 알지 못한다. 그가 어떤 사람인지 가까운 사람들을 통해 듣는 것도 좋은 방법이다. 그 누구보다 그 사람에게 어떤 보석이 있는지 주님께 물어야 한다.

외모가 기준이 아니라면
제 외모도 가꿀 필요가 없겠네요?

외모가 전부가 아니라고 자주 이야기하는 이유는 미디어의 노출과 성형광고를 통해 우리나라에 독특한 외모지상주의가 만들어졌기 때문이다. 그 사람의 마음과 성품을 간과하고 특정 연예인으로 대표되는 서구적인 외모만을 집중하게 되면 상대의 진면목을 발견할 수 없게 된다. 하지만 말 그대로 외모가 전부는 아니라는 말이지 아예 살피지 말라는 말은 아니다.

이에 대해 굳이 말하는 이유는, 내키지 않는 외모 때문에 고민하던 신앙 좋은 후배의 고민이 생각나서이다. 이러한 경우, 후배는 신앙적인 결단을 하여 외모 따위는 아무것도 아니니 큰 마음먹고 상대와 사귀어야 하는 것일까?

외모만을 바라보는 것은 잘못이다. 하지만 외모까지도 사람과 사람이 만나는 한 지점이 될 수 있다. 여기서 내가 말하는 외모란, 잘난 사람과 못난 사람을 일렬로 줄 세워 순위를 매긴다는 의미가 아니다. 누군가는 포근한 인상에 끌릴 수 있고, 누군가는 친절하고 예의바른 말투에 호감을 가질 수 있다. 외모가 뜻하는 범위는 말뿐 아니라 드러나는 제스처까지 모두 포함된다. 외모까지도 그 사람의 특징 중 하나일 수 있다. 예를 들어, 눈가에 주름이 많은 사람은 남들보다 더 많이 웃는 사람일 수 있다.

본인이 상대의 외모를 보지 않는다는 이유로 자신의 몸을 돌보지 않는 것은 하나님이 주신 자신의 아름다움에 대한 관리 소홀이 될 수 있다. 미적인 가치를 위해 다른 가치들을 소홀히 하는 것은 분명 문제가 된다. 하지만 결혼적령기에 들어선 청년이 자신의 외모를 아름답고 건강하게 가꾸는 것은 당연한 본분이다. 며칠을 씻지 않아 부스스하고 냄새나는 사람보다 깨끗하게 단정된 사람에게 더 관심이 가는 것이 당연하지 않은가. 하나님은 누군가와 만나서 사귀는 것에 있어 우리의 마음과 감정을 인격적이고 상식적으로 만드셨다고 믿는다.

썸만 탈 뿐 왜 고백하지 못하는 걸까요?

고백하지 못하는 수많은 이유가 있을 것이다. 그것이 열등감일 수도 있고 그저 바라보는 것만으로 만족하는 것일 수도 있다. 시간은 상대적인 영역이기에 나의 시간관념과 상대의 시간관념은 다르다. 내 기준에서는 그 시간이 길고 조급하지만 상대에게는 아닐 수 있다. 또는 만나서 무언가를 이야기하고 결론을 짓는 게 두려울 수도 있다. 흔히 여자는 '안정'을 생각하고 남자는 '책임'을 생각한다. 서둘러 안정을 얻고 싶어 하는 여자에 비해 자신이 져야 할 책임이 부담스러운 남자는 뒷걸음질을 칠 수도 있다. 동성끼리도 차이나는 부분이 얼마나 많은가. 가장 중요한 것은 이성 간의 관점의 차이를 생각하는 것이다.

고백을 받았는데 제 타입이 아니에요, 만나야 할까요?

사람은 긴밀하게 만나 보지 않으면 좋은 사람인지 나쁜 사람인지 알 수 없다. 만남을 통해 우리는 상대의 의외의 낯선 모습을 만나게 된다. 지금 만나는 사람과 이루어지지 않더라도 진짜 내 짝을 받아들이고 용납하기 위해서는 이러한 경험이 필요할 수 있다. 물론 경험을 쌓겠다고 여러 사람을 사귀어야 한다는 말은 아니다. 다만 사랑에 실패할 것이 두려워서 짝사랑을 포기하겠다는 후배에게 주님이 주신 마음은 실패하더라도 사랑하라는 것이었다. 사랑하다가 넘어지고 아파해 보는 것도 자라나고 성숙해지는 데 꼭 필요한 감정이며 경험이다.

제 선택이 옳은 건지 모르겠어요

막상 선택을 해도 우리는 이 선택이 하나님이 기뻐하시지 않는 선택이면 어떡하지, 하나님이 택하신 길이 아니면 어떡하지 하고 전전긍긍하게 된다.

언젠가 중요한 결정을 두고 고민할 때에 하나님은 두 길을 동일한 무게로 말씀하셨다. 최선이 있다면 나머지는 차선이라는 내 생각과는 달리 주님께는 모두가 최선이었다. 우리는 평면 위에서 직선의 시간을 살아갈 뿐이지만 시간의 주인은 주님이시다. 플랜 B처럼 보이는 오늘의 선택이 여전히 최선이 되기 위해서는 주님의 이끄심을 따라야만 한다.

우리가 마주 대하는 결정은 갑자기 방향을 급선회하는 식으로 나타나는 것이 아니라 매일의 작은 선택들이 이어져서 방향을 만드는 것이다. 엄밀히 말하면 플랜 B를 선택한 것이 불행한 것이 아니라 지난 선택을 후회하는 것이 가장 불행한 것이다.

남자는 왜 공감해 주기보다
해결해 주려고 하죠?

이혼한 원인의 상당 부분이 남자의 해결 본능 때문이라는 통계를 본 적이 있다. 그대로 두면 문제가 안 될 일도 남자가 해결하려고 애를 쓰는 바람에 문제가 되는 경우가 많다. 남자는 여자의 말에 그저 고개를 끄덕이며 수긍해 주는 것만으로도 본인이 팔을 걷어 부치고 해결해 주는 것보다 훨씬 더 나은 결과를 얻어낼 수 있다. 문제 앞에 남자는 단순하고 여자는 섬세하다. 단순함을 단순함으로, 무력을 무력으로 맞서는 건 어리석은 행동이다. 단순한 남자는 늘 사랑하는 여자의 영웅이 되길 원한다. 지혜로운 여자라면 자신의 남자가 해결책을 제시하려고 시도할 때 고마운 눈빛으로 바라봐 주라. 그러면 지구 반대편의 장미꽃도 꺾어다 바칠지 모른다.

남자는 왜 말을 안 해주면 모르죠?

남자는 공감을 하지 않는 게 아니라 못하는 거다. '알아서 잘 하겠지, 말 안 해도 내 마음을 알겠지'라는 생각은 여자의 착각이다. 남자는 십 년이 지나도 그대로이다. 혼자서 속 태우지 말고 처음부터 차근차근 가르쳐 줘야 한다. 남자는 데이트도 하나의 미션으로 여길 수 있다. 만일 남자에게 구체적인 지시사항을 내려 주면 아주 정확하고 완벽하게 해낼 것이다. 청소나 육아뿐 아니라 데이트까지도. 결혼한 후에는 옷 정리나 화장실 사용 규칙 같은 것들을 미리 정해서 알려 주면 좋다.

여자를 기쁘게 하기 위해서는
세상이라도 구원해야 하나요?

언젠가 아내와 고급 가구매장을 간 적이 있다. 깜짝 놀랄 만큼 높은 가격대의 상품이 즐비했다. 의자 하나에 수백만 원이 넘는 가구들을 보며 침을 꼴딱 삼켰다. 아내가 가리키는 것들마다 "응, 괜찮네"라고 대답하면서 눈은 먼저 가격을 살폈다. 매장을 나오면서 아내에게 이렇게 말했다.

"명경이가 사장님하고 결혼했으면 좋았을 텐데…."

"왜?"

"그러면 네가 좋아하는 걸 다 살 수 있잖아."

"오빠는 내가 이런 걸 다 사면 좋아할 것 같아? 나는 이렇게 함께 구경하는 것만으로도 좋은데…."

남자는 여자가 가리키는 모든 것을 사줘야 할 것 같은 책임감을 느끼지만 여자가 바라는 것은 그런 것이 아니다. 여자가 좋아하는 것을 그저 고개 끄덕이며 긍정만 해줘도 된다는 사실을 나는 나중에야 깨달았다.

사람들마다 좋아하는 것이 다르다. 하지만 좋아하는 것을 품에 안겨 주는 것만이 정답이 아니다. 그러기에 품에

Q & A

안겨 주지 못할 것 같아서 섣부른 짜증이나 분노를 내는 것 역시 금물이다.

흔히 남자들은 예쁜 가구나 보석을 선물해야 아내가 기뻐할 거라고 생각한다. 간혹 맞는 말이지만, 아내는 내가 집으로 돌아오는 길에 분식점에 들러 자신이 좋아하는 떡볶이를 사왔을 때 행복하다고 했다. 이 남자가 분식점을 지나치다 자신을 떠올렸다는 것이 고마운 것이다. 놀랍지 않은가? 떡볶이 한 그릇에 말이다.

여자는 자신의 관심사를 함께 공감하길 원한다.

왜 내 마음을 몰라주죠?

"내가 보는 것은 사람과 같지 아니하니 사람은 외모를 보거니와 나 여호와는 중심을 보느니라" 삼상 16:7

사람은 외모를 보지만 하나님은 중심을 보신다. 아무도 내 마음을 모르지만 내 마음의 궁핍함과 간절함, 그리고 가난함과 풍요로움을 주님은 다 아신다. 만일 누군가를 사모하는 마음이 있다면 사람들은 몰라도 주님만은 다 아신다. 주님이 아신다는 말은 우리 인생에 놀라운 위로가 된다. 하지만 사람은 하나님과 달리 중심을 보지 못한다.

"말하지 않으면 몰라?"

이 질문은 이미 질문 안에 답을 가지고 있다. 말하지 않으면 아무도 알지 못한다. 공중파 방송에서 남자와 여자의 차이를 비교한 적이 있다. 여자가 남자의 호의를 바라며 "오늘 너무 춥다"라는 말을 건넸는데, 남자는 "정말 그렇네"라고 답하면서 자신의 옷깃을 더욱 여미었다. 여자는 그런 행동에 어이가 없어서 그날로 헤어질 것을 결심했다. 만약 여자가 특유의 다중언어를 사용하는 대신 자신이 필요한 것을 부탁했더라면 남자는 그보다 더한 일이라도 충실하게 수행했을 것이다. 남자는 결코 여자의 속마음을 꿰뚫어 볼 수 없다. 사람은 외모만을 볼 뿐이다.

언젠가 내 마음을 알아줄 것이라는 소원은 대부분 무위로 끝나 버리는 경우가 많다.

'좋아하는 사람이 언제쯤 내 마음을 알아줄까?' 하고 마냥 기다리면 아무것도 해결되지 않는다. 사람은 말하지 않으면 알 수 없고 행동하지 않으면 알 수 없다.

내 마음을 상대가 알지 못한다는 사실 때문에 서운해하거나 속상해하는 대신 내 마음과 상대가 알아야 할 부분들을 적절하고 지혜롭게 이야기하는 건 어떨까?

왜 우리의 연애는 영화나 드라마처럼 로맨틱하지 않죠?

현대미학을 살펴보면, 우리가 연애할 때 종종 이야기하는 낭만적이거나 로맨틱하다는 말이 학습의 결과라는 자료가 있다. 즉, 중세 이후 문학이나 연극 작품에서 이야기 전개를 극적으로 끌어가기 위해 꾸며서 만든 것을 관객과 독자들이 현실세계에서도 꿈꾸게 되었다는 것이다.

모든 감정과 상황을 학습의 결과라고 말하기엔 무리가 있지만 미디어를 통해 학습하는 지금의 연애풍속은 무시하지 못할 만큼 연애관과 사회 전체에 영향을 미치고 있다. 사람들은 영화나 드라마를 통해 배운 연애와 사랑의 감정을 현실에 적용해 보려 하지만, 이것을 현실 속에서 발견하기란 쉽지 않은 일이다. 워낙 달콤하고 설득력 있게 사랑을 포장하기에 "저런 사랑은 현실에 존재하지 않을 거야"라고 하면서도 속게 되는 것이다.

어떤 전문가라도 동시대의 역사를 제대로 평가하지 못하는 것처럼, 우리는 자신이 경험하고 있는 문화의 오염도를 쉽게 분별해내지 못한다. 그래서 오염된 미디어를 경험할 때에도 "세상 문화가 다 그렇지"라고 안이하게 평가하는 것이다. 하지만 그 기준을 하나님의 관점, 성경적 관점으로 살펴보면 보다 냉정하게 평가할 수 있다.

예를 들어, 매우 살찐 사람이 있는데 그보다 조금 덜 살찐 사람은 그를 보고 "조금 통통하시네요"라고 말해도, 마른 사람은 "체중 조절을 해야겠어요. 건강이 위험해요"라고 말할 수 있는 것이다. 살찐 사람이 다른 살찐 사람의 상태를 제대로 진단하지 못하듯, 로맨틱하고 자유분방한 문화가 익숙해진 그리스도인들의 연애풍속도 이제 구별점을 찾기 힘들 정도로 세상 사람들과 별반 다를 게 없어졌다.

성경은 "하나님은 사랑이시다"라고 말한다. 사랑이 하나님의 성품 중 하나라고 말하고 있지만 그 이상의 명확한 정의를 찾기란 쉽지 않다. "사랑은 무엇이다"라고 정의하는 대신에 성경은 우리가 생각하는 것을 배제하거나 절제하는 형태로 사랑을 설명하고 있다.

"사랑은 오래 참고 사랑은 온유하며 시기하지 아니하며 사랑은 자랑하지 아니하며 교만하지 아니하며 무례히 행하지 아니하며 자기의 유익을 구하지 아니하며 성내지 아니하며 악한 것을 생각하지 아니하며 불의를 기뻐하지 아니하며 진리와 함께 기뻐하고…" 고전 13:4-6

하지만 미디어는 사랑을 달콤한 상품으로 포장해서 광고하고 판매한다. 사랑한다면 지금의 감정에 충실해야 한다는 주장은 얼마나 자극적이면서 설득력 있는가? 사랑한다면 악한 것을 생각하지 않는다는 성경적 주장은 오히려 진부하게 느껴진다. 그렇게 느껴지는 이유는 무엇인가?

하나님의 기준에 벗어난 것이 무엇인지, 하나님의 뜻이 무엇인지를 분별하기 위해서는 세상의 오염된 문화가 무엇이며 변질된 것이 무엇인지를 열거하기보다 잠잠하게 하나님 앞에 설 필요가 있다. 쏟아지는 정보 속에 그대로 노출되어 있는 이상, 우리는 진짜와 가짜의 차이를 구별해 낼 여유조차 없기 때문이다.

장모님은 몸에 신장을 하나만 가지고 계신다. 그래서 소화하기 좋은 음식들을 주로 드신다. 왜냐하면 이 신장은 몸 속의 노폐물들을 걸러 소변으로 배출시키고 필요한 것은 다시 혈액으로 돌리는 정수기 같은 기능을 하기 때문이다. 먹고 싶은 것을 모두 먹는다면 소화시키지 못할 뿐 아니라 장기마저도 망가질 수 있다. 장기는 한 번 망가지면 회복이 힘들 정도로 치료가 힘들어진다. 그래서 적정량을 취하는 것이 중요한데, 이와 마찬가지로 우리도 쏟아지는 대중문화의 홍수와 정보에서 자신을 지켜낼 필요가 있다. 그렇게 하지 않으면 소화시키지 못하는 과도한 정보 속에 하나님의 음성까지도 섞여 버릴 수 있을 뿐 아니라, 그것을 분별해 내는 필터까지도 자극적인 문화에 길들여져 망가질 수 있기 때문이다.

사귀고 난 뒤로는 저를 함부로 대해요

익숙한 대로 관성을 따라 살아가는 것이 사람이다. 좋은 것도 시간이 지나면 그저 익숙한 것이 되고 만다. 그러나 존귀하다고 생각한다면 마음 가는 대로 행동하지 않아야 한다. 특히 마음을 다치게 하는 말은 열 번을 호흡한 후에 꺼내라. 나중에 크게 후회하게 된다. 사람의 마음은 한 번 다치면 오랜 시간이 지나도 쉽게 회복되지 않는다.

사랑을 지속적으로 표현하는 것이 처음엔 낯설겠지만 이 또한 연습이 필요하다. 지금 상대를 무시하면 결혼한 후에도 그렇게 되고 다른 사람들도 그를 무시하게 된다.

내가 상대방을 존귀하게 대하면 다른 누구도 그를 함부로 대하지 못할 것이다.

사랑을 할 때 본능에 충실한 것도 잘못인가요?

인간은 육체적 본능만을 따라 사는 존재가 아니다. 이 말은 육체적인 것은 천하고 영적인 것은 귀하다는 이원론적 주장이 아니다. 하나님이 지으신 모든 것이 선하매 감사함으로 받으면 버릴 것이 없기에 육체적인 본능도 하나님이 주신 선한 것이다. 하지만 그것만을 추구하는 것은 하나님이 인간을 만드신 본래 목적과는 어긋난다. 이는 우리의 본성이 불나방처럼 감각과 쾌락만을 추구하는 것이 아니라 하나님의 본성을 따라 살아가야 한다는 의미이다.

이 시대를 살아가고 있는 사람들은 '과학'과 '비과학'으로 나누어 분석하고 판단한다. 그래서 하나님에 관한 것, 혹은 영적 세계를 이야기하면 비과학에 속한 것, 혹은 이성이 빠진 우스운 이야기처럼 여긴다.

성경에서는 죄에 대해 언급할 때 '하마르티아'라는 단어를 사용하는데, 대부분 단수로 사용된다. 그 경우에 성경은 죄를 인격화해서 설명한다. 죄는 하나의 사건이 아니라 살아서 우리를 묶으려 하는 존재이기 때문이다.

차원의 문제로 생각해 보면 우리는 악한 영에 대해 인지

하지 못한다. 그것은 평면에서 입체를 인지하지 못하는 개념과 비슷하다. 2차원의 그림과 3차원의 실제, 4차원의 존재의 차이는 무엇이 가치 있냐를 따지는 질문과는 별개로 활동의 영역에서 탁월한 우위를 가진다. 보이지 않기에 영적 세계에서 사탄은 자신의 방법으로 우리 삶 구석구석을 묶으려 든다. C. S. 루이스의 「스크루테이프의 편지」에서 설명하는 것처럼 사탄은 때론 자신을 실제보다 크게 부풀리지만, 반대로 지금의 시대처럼, 마치 비과학적인 전략처럼 자신을 포장하기도 한다.

욥기에서 욥과 세 친구들은 문제의 원인에 대해 끝없는 토론을 벌였다. 그런데 그 문제의 배후에는 사탄의 송사가 있었다.

「영적 전투」에서 티모시 워너는 이렇게 말한다.

"사탄이 우리를 요구할 수 있는 권리는 십자가에서 완전히 말소되었다. 우리는 영적으로 하나님만의 자녀이다. 사탄은 더 이상 우리에 대해 아무런 권리도 갖고 있지 않다."

사탄은 죄를 먹고 살기에 각 사람에게 간섭할 만한 합당한 근거를 죄에서 찾는다. 다시 말해 우리가 죄를 범할 경우에 사탄은 합법적으로 우리 삶 가운데 간섭할 여지가 있다. 그런 의미에서 우리의 육체적 본능으로 드러나는 연약함은 사탄의 주요 공격 포인트가 된다. 왜냐하면 죄를 통해 사탄은 끊임없이 자신과 관계할 다리를 놓으려 하기 때문이다.

스킨십 후에 수치심을 느껴요

코스타에서 많은 청년들을 상담했다. 상담한 내용의 절반 이상이 연애에 대한 고민이었고 그중 대다수가 심각한 수준의 육체적인 관계나 음란에 대한 문제였다. 나는 그들에게 자신과 상대의 의지를 더 이상 신뢰하지 말 것을 부탁했다.

스킨십은 두 사람이 헤어졌을 때 그로 인한 부끄러움이나 상처, 수치심을 느끼지 않을 만큼이 한계이다. 누군가에게는 키스를 하는 것이, 누군가에게는 손을 잡거나 포옹을 하는 것이 한계가 될 수 있다. 또한 사람들이 내 모습을 몰래 훔쳐본다고 가정했을 때 심각한 부끄러움을 느낀다면 그 부분은 회개해야 할 지점이다. 회개는 끝이 아니라 분명한 시작 지점이다.

아내와 연애를 하면서 어느 날 키스를 하게 되었고 나는 그 감미로움과 자극이 좋아서 만날 때마다 다시 경험하거나 지속하고 싶었다. 그런데 그런 날은 어김없이 집으로 돌아오는 길에 눈물이 났다. 내 안에 주체할 수 없는 정욕과 음란이 가득함을 발견했기 때문이다. 마치 내 안에 내가 제

어할 수 없는 괴물이 있는 것 같았다. 그러면서 시각적이고 감각적인 남자의 의지와 통제가 얼마나 무력한지를 절감하게 되었다. 그래서 나는 주님의 보혈을 구하며 내 육체의 한계를 토로했다. 나는 회개를 거듭하며 더욱 주님의 은혜를 구하고 또 구했다.

그러나 나는 결혼을 하면서 그때 느낀 모든 자괴감으로부터 해방될 수 있었다. 그 후로 아내와 함께하는 모든 시간은 더 이상 어떠한 죄책감이나 수치심도 주지 못했다. 왜냐하면 이제는 주님 안에서 서로 사랑해야만 하는 관계가 되었기 때문이다.

연애 단계에서 생기는 문제는 말 그대로 결혼이라는 언약적인 단계에 들어서기 전이라는 점이다. 이 말은 결혼을 전제로 연애하지만 모든 연애가 결혼으로 이어지지 않는다는 불확실성을 내포하고 있다. 그래서 연애할 때 꼭 기억해야 할 것은 자신과 상대를 욕망으로부터 지키는 일이다. 정열적으로 사랑하는 것보다 상대를 지켜 주는 것이 더욱 쉽지 않다.

눈이 펑펑 내리던 어느 날, PK(Promise Keeper) 대표인 광우를 만났다. 당시 나는 그의 책을 준비하고 있었는데, 그의 인생을 글로 들여다보고 있으려니 내 얼굴이 벌겋게 달아오를 정도로 어린 시절의 그는 밑바닥 삶을 살았었다.

나는 함께 식사를 하다가 물었다.

"주일학교에서 전도사님이 널 격려해 줄 때 그 말들이 우습게 들렸겠다?"

그가 초등학교 때부터 신문배달을 하며 힘든 시절을 보냈다는 것을 알았기에 그렇게 물은 것이었다.

"응, 맞아. 흔히 이렇게들 말씀하시잖아. '나도 젊었을 때 방황 좀 해 봤는데…' 하고 말이야. 정말 우스웠지. 자기네들이 방황이 뭔지나 알겠냐고 생각했지. 그런데 내가 방황의 정점을 찍고 나니까 그들이 정말 귀하게 느껴지더라. 오염되지 않고 물들지 않고 자기를 지켜 나가는 게 정말 귀하다고 여겨졌어."

광우의 이런저런 말이 공감되었다. 이 친구처럼 드러나 보이게 방황하진 않았지만 나는 나를 안다. 얼마나 더럽고 추한 죄인인지 말이다. 주님께서 내가 어떤 존재인지를 알게 해주셨을 때, 너무나 고통스러웠지만 동시에 감사했다. 그리고 나를 지켜 죄에 물들지 않게 하는 것이 얼마나 어려운지를 알았다. 바울이 말하는 것처럼 은혜를 더하기 위해 죄를 지을 수는 없다. 하지만 죄로 가득했던 내 인생에 주님의 은혜가 있어 감사하다.

정말 강한 사람은 유혹과 음란 가운데 헤엄치거나 죄악 중에 사는 거친 사람이 아니다. 연약해 보이지만 처절하게 자신을 지키는 사람이 정말 강한 사람이다. 언젠가 이런 글을 본 적이 있다.

"현재 많은 사람들이 갖고 있는 어리석은 생각은, 착한 사람들은 유혹이 무엇인지 모른다는 것이다. 이것은 분명히 거짓말이다. 유혹을 저항하는 사람들만이 그 유혹이 얼마나 강한가를 안다. 결국 항복해서가 아니라, 전투를 해보아야 당신은 독일 군대가 얼마나 강한가를 알게 된다. 길에 눕는 대신에 바람을 대항하여 걸을 때, 당신은 그 바람의 위력을 감지할 수 있다. 5분 후에 유혹에 굴복하는 사람은 한 시간 후에 어떻게 될 것인지에 대해 알 수가 없다. 이런 이유 때문에 어떤 의미에서 나쁜 사람들은 나쁨(악한 것)에 대해 거의 알지 못한다. 그들은 항상 굴복함으로써 피난처 아래 사는 삶을 살아왔다. 진정으로 싸우기 전까지는 결코 우리는 우리 안에 있는 악한 충동의 세력을 발견할 수가 없다. 그리스도 그분은 유혹에 한 번도 굴복하거나 항복하지 않았던 유일한 사람이었기 때문에, 그분만이 유혹이 무엇을 의미하는지 온전하게 아시는 유일한 사람이기도 하다. 그리스도는 유일하게 완전한 현실주의자다."
(C. S. 루이스의 「순전한 기독교」, 저자 재인용)

연애할 때 스킨십은 어디까지가 좋을까요?

대학교 때 예비군 훈련을 받다가 주변에서 말하는 이야기를 듣고 깜짝 놀란 적이 있다. 캠퍼스 커플이었던 누군가가 사귀는 여자친구의 신체의 특징과 함께 그녀와의 성관계에 대해 영웅담처럼 떠들었기 때문이다. 영웅담은 실제보다 과장해서 말하는 것이 특징인데 청중들은 이를 분별할 수 없다는 게 문제이다. 그의 이야기는 여자친구에서 끝나지 않았고 교내의 여러 여학생 이야기로 확대되었다. 좌중에는 여기에 질 수 없다는 듯 자신의 이야기를 털어놓는 이들도 여럿 있었다.

뜻하지 않게 그 이야기를 듣게 된 이후 학교에서 그 이야기 속 친구를 만날 때마다 얼굴을 붉혔던 기억이 있다. 그렇게 드러난 관계들은 더 이상 정상적인 이성교제를 기대할 수 없게 만든다. 뿐만 아니라 지울 수 없는 빨간딱지로 인해 남자들이 노골적으로 접근해 오기도 한다. 하지만 이들 중 절반은 영웅담을 듣고 꼬인 날파리들이다.

오늘날 우리는 SNS를 통해 자신이 얼마나 뜨거운 사랑을 하고 있는지 과시하는 시대를 살고 있다. 사랑할 당시에는 훈장처럼 보이는 이미지이지만, 사랑이 지고 나면 지울 수 없는 데이터로 남게 된다. 사귈 때는 영원할 것 같지만, 헤어질 때는 지켜 주겠다는 말을 담보할 수 없다. 마음껏 몸과 마음을 교차하다가 헤어질 때는 가벼운 여자로 취급당하거나 상당한 시간이 지나도 씻을 수 없는 상처를 안게 되기도 한다.

나는 다윗과 아비가일 이야기를 좋아한다. 양털 깎는 날에 다윗은 나발의 도발에 분노했다. 다윗과 일행은 칼을 차고 나발의 집으로 향했으나 아비가일의 지혜로운 말 앞에 칼을 거두었다. 아비가일은 나중에 다윗이 왕이 되었을 때 나발에게 복수한 이 일이 수치가 되면 안 된다고 공손히 일러 주었다. 지금은 복수가 정당해 보여도 시간이 흐른 후에 부끄러움으로 남을 수 있다는 그녀의 충고를 다윗이 받아들인 것이다.

청년들은 지금 내 몸과 마음이 이끄는 대로 행동하는 것을 사랑이라고 믿는다. 그러나 그것이 지금은 정당한 것 같아도 시간이 흐른 후에는 부끄러움으로 남을 수 있다.

아비가일의 조언은 지금도 적절하며 유효하다. 우리는 나의 미래에 부끄럽지 않을 사랑, 친구와 부모에게 말하거나 보여도 부끄럽지 않을 사랑, 아비가일의 말처럼 시간이 흘러도 부끄럽지 않을 사랑을 해야 한다. 만일 서로를 지켜 주다가 헤어지게 된다면 헤어질 때는 아파도 시간이 지나면 소중한 사람으로 추억할 수 있을 것이다.

어떻게 하면 아름답게 헤어질 수 있죠?

아끼는 여자후배가 일 년간 결혼을 전제로 교제하다가 결국 헤어지게 되었다. (보통 여자가 먼저 이별을 직감하는 것 같다.) 이별을 직감한 후배는 엄마에게 곧 헤어질 것 같다고 마음을 털어놓았다. 엄마는 딸에게 헤어질 때 "고마워, 미안해, 너를 위해 기도해 줄게"라는 말을 꼭 전하라고 했다.

정말로 남자친구가 헤어지자는 말을 건넸다. 후배는 하염없이 눈물을 흘리다가 어머니가 전해 준 세 가지를 기억하고 이렇게 말했다.

"나를 좋아해 줘서 고마워. 오빠의 배우자가 못 되어 줘서 미안해. 오빠의 인생과 미래를 위해 기도할게."

그 말을 듣고 남자친구는 이런 엉뚱한 아이가 다 있느냐는 표정을 지었다고 한다. 하지만 나는 후배의 용기에 박수를 보냈다. 왜냐하면 주님이 이 녀석의 미래를 응원할 것이라 믿었기 때문이다. 시편 18편에서 다윗은 자신의 인생을 돌아보며 하나님의 성품을 되새긴다.

"여호와께서 내 의를 따라 상 주시며 내 손의 깨끗함을 따라 내게 갚으셨으니 … 여호와께서 내 의를 따라 갚으시되 그의 목전에서 내 손이 깨끗한 만큼 내게 갚으셨도다"

시 18:20, 24

하나님은 갚으시는 분이다.

헤어진 상대에게 그동안의 고마움과 미안함, 그리고 기도하겠다는 축복의 메시지를 전달한 후배처럼 사귀는 것도 중요하지만 그 마지막 매듭 또한 중요하다. 시작과 도중, 그리고 끝맺음까지 서로를 존귀하게 여겨야 한다.

하나님께 응답을 받았다고 프러포즈하는데 결혼해야겠죠?

무척 몸이 아픈 날이었다. 아픈 강도가 평소와 달랐다. 방 안에서 고통스러워하고 있는데 모르는 이로부터 문자메시지가 왔다. 할 말이 있어 집 앞에 찾아왔는데 만나 달라는 내용이었다. 그분에게 너무 아파서 만나지 못할 것 같다고 양해를 구했는데 지방에서 찾아온 사람을 만나 주지 않는 건 예의 없는 행동이라며 나무랐다.

길게 논쟁하는 것도 힘들어 아픈 몸을 이끌고 집 앞으로 나갔다. 몸이 불편하니 본론만 이야기해 줄 것을 부탁하니 아프면 응급실 가서 링거 맞으면서 차근차근 이야기를 하자고 했다. 나는 고통의 강도가 갈수록 심해져서 만나기로 한 이유를 재촉했다. 그러자 그분은 자신이 다단계 사업을 하는데 하나님께 나와 같이 사업을 하라는 응답을 받았다고 말했다.

"하나님은 인격적이신 분이기에 그렇게 중요한 내용이라면 제게도 동일하게 말씀하셨을 겁니다. 그런데 아직까지 제게는 아무 내용도 말씀하지 않으셨습니다. 말씀하신 내용을 다 전해 들었으니 기도해 보겠습니다. 만일 하나님이 제게도 동일하게 말씀해 주시고 인도해 주신다면 연락 드리겠습니다…."

나는 이렇게 답변을 하고 그분을 돌려보냈다. 마침 찾아온 선배의 차를 타고 병원으로 직행했는데 급성맹장염으로 수술하게 되었다.

"하나님이 당신을 내 배우자로 말씀하셨습니다."

청년들이 이렇게 말하는 것을 많이 보았다. 나는 이 말의 진위여부를 문제 삼고 싶지는 않다. 왜냐하면 하나님이 그렇게 말씀하실 수 있기 때문이다. 하지만 그럴 경우, 하나님께서 상대에게도 그렇게 말씀해 주지 않으실까? 상대방의 영적 권위에 눌려 서둘러 만나거나 결혼하려고 하지 마라. 대신 이렇게 전하라.

"하나님은 인격적인 분이시기에 그렇게 중요한 내용이라면 제게도 동일하게 말씀해 주실 거예요. 그런데 아직까지 제게 아무 말씀도 하지 않으셨어요. 저도 기도해 보겠습니다. 만일 하나님이 제게도 동일하게 말씀해 주시고 제 마음을 바꾸셔서 인도해 주신다면…."

주님이 나를 인도하실 때, 그때 연애를 시작하면 된다.

연애나 결혼생활을 할 때 익숙한 상황을 만난다면 고민 없이 예전과 똑같이 행동해도 되겠죠?

우리는 사람을 만나거나 결혼을 준비하고 가정을 이루는 것 모두를 포함해서 우리의 전체 인생을 주님께 물어야 한다. 구약에서의 전쟁 방식은 항상 하나님께 묻고 하나님이 대답하시면 거기에 순종하는 방식이었다. 우리는 문제 앞에서 기도하게 된다. 하지만 똑같은 방식을 만나면 더 이상 기도하지 않게 된다.

다윗이 이스라엘의 왕이 된 후 블레셋은 르바임 골짜기를 가득 메운 채 이스라엘을 공격했다(삼하 5:18). 다윗은 하나님께 물었으며 전쟁에서 승리했다. 이후 블레셋은 또다시 르바임 골짜기를 가득 메운 채 이스라엘을 공격했다(삼하 5:22). 전과 똑같은 방식의 싸움이었지만 다윗은 변함없이 주님께 물었다. 그때 주님은 똑같은 적군과 상황 앞에서 다른 대답을 주셨다. 이번에는 구체적인 매복 작전을 말씀해 주셔서 전쟁을 승리로 이끄셨다.

하나님이 우리를 인도하시는 방식은 똑같은 상황에서도 전혀 다를 수 있다. 똑같은 상황에서 늘 똑같은 답변이 주어질 것이라고 생각하는 것은 주님이 세상을 기계적으로 통치하신다는 오해 때문이다.

주님은 우리의 만남과 결혼, 가정과 인생을 인도하길 원하신다. 그 첫걸음은 주님께 묻고 또 묻는 것이다.

죽을 만큼 사랑하는 감정이 없다면
결혼하면 안 되겠죠?

서로가 죽도록 좋아해서 결혼해도 나쁠 건 없겠지만, 결혼은 연애와는 다른 현실이기 때문에 사실상 그 감정을 가지고 시작했느냐의 문제보다는 상대를 언약적으로 사랑하느냐의 문제가 더 중요하다.

결혼만 하면 끝인 줄 알았어요

> "홍수 전에 노아가 방주에 들어가던 날까지 사람들이 먹고 마시고 장가들고 시집가고 있으면서" 마 24:38

예수님은 당신의 재림을 말씀하시면서 노아의 때와 같이 그때도 주님의 마음을 깨닫지 못하고 먹고 마시고 장가들고 시집가며 살아갈 것이라고 하셨다. 먹고 마시는 것, 장가들고 시집가는 것은 인류가 존재하기 위해 필수불가결한 것이기에 이것을 영위하는 것은 잘못이 아니다. 하지만 먹는 것과 마시는 것, 장가들고 시집가는 것만을 목적으로 삼게 되면 문제가 된다. 이것이 전부가 아니다. 결혼을 통해 우리 가정에 이루시고자 하는 하나님의 뜻을 두고 기도하라. 결혼이 시작이다.

결혼 전에는 장점으로 보였지만
지금은 아니에요

결혼 전에는 상대방의 장점이었던 많은 것들이 결혼 후에는 단점이 되곤 한다. 오직 한 사람만을 좋아해서 다른 사람은 전혀 의식하지 못하는 후배 하나가 있다. 그런데 결혼 전에는 한 사람만을 바라보는 것이 로맨틱해 보일 수 있지만 결혼 후에는 융통성 없는 집착처럼 보일 수 있다. 모든 사람에게는 동전의 양면 같은 장단점이 있다. 내가 바라보는 상대의 단점 이면에는 놀랄 만큼의 장점이 숨겨져 있다.

도저히 이해할 수 없는 사람과 살고 있어요

도저히 이해되지 않던 상대의 행동이 그 이면의 이야기를 듣고 난 후에는 이해될 수 있다. 그러기에 우리는 표면적인 행동만을 보고 사람을 판단해서는 안 된다. 각자의 상처와 경험들이 그 사람을 만들고, 그것이 때로는 긍정적인 방향으로 때로는 부정적인 방향으로 작용하기 때문이다. 표면적으로만 사람을 이해하게 된다면 외식적인 사람이 가장 좋은 배우자감이 아닐까?

기다림의 시간을 무엇으로 채워야 할까요?

사람은 좋은 말을 듣는다고 바뀌지 않는다. 내가 바라는 상(象)을 만들기 위해 여러 말로 설득해 보지만 사람은 말로 쉽게 변하지 않는다. 하지만 살아가는 삶을 통해서는 변한다.

아내가 회사 탕비실에서 나와 전화통화를 하고 있을 때 이렇게 이야기한 적이 있다.

"탕비실에도 하나님의 나라가 임하여 주님의 통치하심이 있기를 기도하면 좋을 것 같아…."

하지만 이 막연한 말의 의미가 수화기 너머로 아내에게 다 전달되기는 힘들었다. 결혼하고 일 년을 함께 지낸 어느 날, 아내가 차 안에서 이렇게 말했다.

"오빠가 그때 말한 게 무엇이었는지 이제 조금은 알 것 같아."

아내와 함께하는 동안 나는 부지런히 하나님의 나라를 갈망했다. 그곳이 어디든 내가 있는 곳에 주님의 나라가 임하기를 기도했고, 함께하는 이들과 기도했으며 심지어 잠을 자다가도 잠꼬대로 기도하기 일쑤였다. 그런데 이제 아내도 그 기도에 동참하여 하나님이 하시는 아름다운 일들을 경험하게 된 것이다.

아내는 자신에게 말했던 것을 엄마와 언니들에게도 말해 주기를 청했다. 나는 아내에게 웃으며 거절했다. 우리는 부부로서 일 년을 함께 살았기에 그 의미가 조금 전달된 것이라고 전하면서 말이다. 아무리 좋은 말이라도 말로는 쉽게 변하지 않을 것이라는 게 그 이유였다.

사람이 변하는 데는 충분한 시간이 필요하다. 우리는 상대방을 내가 바라는 지점까지 도달하게 만들려고 여러 수단과 방법을 동원하지만 사람은 쉽게 변하지 않는다. 우리는 변하지 않는 배우자를 보면서 한숨을 짓지만 그때마다 자신의 변화를 생각해 보라.

'내가 이만큼 바뀌기까지 주님이 나를 얼마나 오래 기다리셨는가?'

내가 바뀌는 데 걸렸던 오랜 시간을 감안한다면 상대에게도 필요한 오랜 시간을 이해해야 한다. 그리고 그 시간 동안 기도해야 한다. 사랑하는 만큼 기도하는 것은 결코 쉽지 않다. 구체적으로 행동하는 것이 기다리거나 기도하는 것보다 쉬운 행동이다. 기다리며 기도하는 것은 쉽지 않다. 하지만 사랑한다면 기다리며 기도해야 한다.

시댁과 처갓집을 어떤 순서와 횟수로 방문해야 옳을까요?

결혼을 준비하는 청년들이 명절에 시댁과 처갓집을 어떤 순서와 횟수로 방문해야 하냐고 자주 묻는다. 그런데 결혼 8년차인 지금까지 나는 이 문제로 고민하거나 힘들어 본 적이 없다. 평소에 나는 명절에 어디를 먼저 찾고 얼마나 찾아갔는지보다는 '내가 어떤 마음을 가지고 있는가'가 더 중요하다는 생각을 가지고 있다. 남편과 아내 모두 자신의 부모에게 잘해 주기를 바라는 게 인지상정인데, 아무리 숫자를 공평하게 나누더라도 갈등이 그칠 수는 없을 것 같아서이다.

결혼을 준비할 즈음 시월드에 대한 주변의 이야기를 전해 듣고 내린 결론은 "장모님을 내 어머니처럼 생각하자"였다. 만일 장모님을 내 어머니처럼 대하면 아내도 시어머니를 자신의 어머니처럼 모실 거라는 생각이 들었기 때문이다.

코스타 강연을 위해 러시아에 방문했다가 정선 장로님 댁에 며칠을 머물게 되었다. 아내인 노미애 권사님은 내게 남편이 자신의 어머니를 얼마나 아꼈는지에 대해 말씀해 주셨다. 한 예로 독일과 러시아에서 주재하는 동안 가끔 한국에 들어가게 되면 사측에서 이동과 업무가 수월한 역삼동 르네상스 호텔을 잡아 줬는데, 한 번도 그곳에 머무르지 않고 목동에 있는 처갓집에 가서 어머니의 손을 잡고 주무셨단다. 권사님은 자신의 어머니의 다리를 베고 텔레비전을 보는 남편을 자랑스러워하셨다. 아내의 이야기를 듣고 계시던 장로님이 말씀하셨다.

"내가 받고 싶은 걸 하면 돼."

정답이라고 생각했다. 내가 받고 싶은 그것을 해 드리면 된다.

"그러므로 무엇이든지 남에게 대접을 받고자 하는 대로 너희도 남을 대접하라 이것이 율법이요 선지자니라" 마 7:12

내 사명의 짐을 가족에게도 지워야 하나요?

문득 가족이 내 가치관에 희생당할 수 있겠다는 생각이 들었다. 과연 하나님이 내게 주신 사명을 가족에게도 똑같이 강요하는 것이 옳은 일일까? 혹 하나님이 내게 주신 사명을 내가 온 가족에게 짊어지게 하는 것은 아닐까?

하나님은 인격적인 분이시다. 평양대부흥을 비롯해서 역사적으로 1900년 초에 나라와 도시마다 대대적인 부흥의 역사가 있었다. 부흥의 기록들을 읽으며 알게 된 것은 부흥은 무척 개인적인 사건이었다는 것이다. 한번에 수백에서 수천 명의 회심과 회개 사건이 일어나는 것을 보고 사람들은 부흥에 대해 비인격적이거나 집단적인 사건으로 오해했지만, 하나님은 지극히 인격적이고 개인적으로 사람들을 만나 주셨다. 그렇게 하나님께 반응한 개인이 모여서 집단을 이루는 것이지 순서상 개인을 무시한 집단으로의 작용이 아니다.

마찬가지로 가족의 부흥도 집단적인 형태가 아니다. 하나님이 개개인을 인격적으로 만나 주시고 그다음에 그 개인의 구성체인 가족이 부흥을 맞게 되는 것이다. 주님은 각 가족 구성원들의 나이와 성격과 면면들을 아시고 개별적으로 만나 주신다. 그것이 한 마음을 이루어 전체인 가족의 부흥이 만들어지는 것이다.

만약 한 사람에게 주신 갱신을 가족들에게 강제할 경우, 억압과 반발이 생길 수 있다. 주님을 사랑함으로 영과 진리로 드리는 예배가 아니라 그 부작용으로 인해 억압적으로 율법적인 규례를 따라 습관적으로 예배를 드리게 될 수 있다. 그러기에 변할 것 같지 않는 배우자를 주님의 마음으로 대하고 기도하며 기다려야 한다. 더디 이루어지는 것 같지만 주님이 주신 마음으로 순종하는 것이 결과적으로 최선의 방법이라 믿는다.

살아가면서 본질과 비 본질을
확실하게 구분해야 하지 않을까요?

결혼하고 4년이 지났을 즈음 두 아이를 낳아 기르던 아내가 급격하게 기운이 없어 보였다. 기도와 격려를 하며 하루 이틀 지나면 나아질 거라 생각했지만 일주일이 넘도록 우울해 보였다. 나는 기운 없는 아내를 보며 어떻게 해야 할지 몰라 전전긍긍했다.

고민하다가 아내와 함께 우리 집에 작은 변화를 주었다. 벽에 선반을 하나 달고 한쪽 벽면에 페인트를 사다 칠하고 천장에 레일을 달아 조명을 바꾸었다. 셀프로 작업해서 비용도 많이 들지 않았고 아내에게도 효과가 컸다. 그렇게 아내는 점차 기운을 차리게 되었다.

나는 본질만이 중요하고 나머지 비 본질은 포기해도 된다는 사고를 가지고 있었다. 그래야 집중해서 하나님의 나라를 섬길 수 있을 것이라고 생각했기 때문이다. 지금도 이 생각 자체는 틀리지 않는다고 본다. 하지만 본질과 비 본질이 칼로 자르듯 깨끗하게 나눠지지 않는다는 사실을 알게 되었다. "과연 이런 것들이 본질과 무슨 상관이 있는가?"

"복음과 어떤 연관이 있는가?" 하고 묻곤 하지만 거기에는 수많은 삶의 흔적들이 연관되어 있다. 경직된 삶을 살아간다면 우리는 주님의 영역을 매우 협소하게 만들 수 있다.

아브라함 카이퍼의 말처럼 "만물을 통치하시는 그리스도께서 인류가 존재하는 모든 삶의 영역들 중 자신의 것이 아니라고 말씀하시는 영역은 단 한 평도 없다".

하나님의 나라를 구하지만
현실은 막막하고 두려워요

하나님의 나라와 의를 구하며 살아갈 것을 각오하고 다짐했지만 어느 날 막막한 현실 앞에 두려운 마음이 들었다. 그래서 아내에게 내가 가진 두려움에 대해 이야기했더니 아내는 문제에 대한 자신의 생각을 간단하게 이야기해 주었다.

만약 정말로 살아갈 돈이 하나도 없게 된다면 우리가 살고 있는 집을 팔고 더 작은 집으로 이사를 가면 되지 않겠냐고, 그 이후는 그때 또 생각해 보면 되지 않겠냐고 말이다. 나는 아내의 이야기를 듣고 여러 가지 생각이 들었다.

아무래도 나는 원래부터 가지고 있던 것은 내 것이고 추가적인 이익은 주님이 주신 것이라고 막연하게 생각했던 것 같다. 추가적인 이익은 고사하고 내가 가진 원금까지도 모두 잃어버릴까 봐 두려웠던 것 같다. 하지만 아내의 심플한 답은 내 시선을 십자가로 향하게 만들었다.

"내가 그리스도와 함께 십자가에 못 박혔나니…" 갈 2:20

이미 주님 앞에 죽은 사람인데 나는 죽을까 봐 두려워했다. 먼 미래에 있을 두려움과 근심은 우리가 어찌할 수 있는 게 아니다. 다만 내가 할 수 있는 것은 오늘 주님의 음성에 순종하는 것이다. 이 말은 인생을 계획하지 말라는 뜻이 아니라 막연한 근심과 두려움 대신 오늘의 주님을 바라보라는 이야기이다. 만약 오늘 주님을 바라본다면 아주 작은 방향이 만들어질 것이다. 하지만 사람들은 언젠가 때가 되면 그렇게 할 것이라고 말한다.

"언젠가 때가 되면 가족과 함께 시간을 보내고 도움이 필요한 사람을 구제할 거예요. 언젠가 때가 되면 주님께 헌신할 거예요. 언젠가 때가 되면 주님을 예배할 거예요. 하지만 오늘은 그때가 아니에요."

사람은 살던 대로, 생각하던 대로, 결정하던 방식대로 생각하고 결정하며 살아간다. 만약 언젠가 때가 되었을 때 자신의 습관대로 행동하지 않고 인생의 핸들을 크게 돌리게 된다면, 그래서 기존과 다른 커다란 각도를 만들게 된다면, 관성과 저항으로 인해 뒤집어지거나 부러져 사고가 나게 될 것이다.

언젠가 때가 되었을 때 자신이 기대하고 있는 선택과 결정을 하려면 지금부터 아주 작은 방향을 만들어 놓아야 한다. 내가 만들 수 있는 각도는 아주 작다. 그러나 아주 작은 각을 만들기 위해서도 믿음의 도약이 필요할 만큼 그것은 쉽지 않다. 그러니 지금부터 아주 조금씩 그 각을 확보해서 방향을 만들어 놓지 않으면 그때는 결코 오지 않을 것이다.

그런 의미에서 오늘의 내가 바로 미래의 내 모습이다. 미래의 내가 주님의 인도하심과 임재 안에 있기 위해서는 오늘 내 발을 비추는 주님의 빛에 순종해야 한다.

Q & A

에필로그

"어떤 배우자를 만나면 행복할 수 있을까?"
"어떤 사람을 만나 어떻게 살아가는 것이 성공하는 인생일까?"
저는 인생에 정답이 있는지 의문이 듭니다.

최고의 학력과 최고의 미모를 갖춘 사람은 부러움의 대상이 될 수 있습니다. 하지만 과연 그도 행복할까요? 만약 지금 행복하고 만족스럽더라도 인생 전체를 살필 때, 과연 가지고 있는 조건으로 행복하다고 말할 수 있을까요? 사랑해서 결혼했지만 누구나 갈등을 겪고 문제와 위기를 만나게 됩니다.

저는 이 책에서 그 위기를 벗어날 것을 조언하지 않았습니다. 과연 인생에 정답이 있을까요? 인생은 그냥 끌어안고 가는 것이라 믿습니다. 하나님이 제게 주신 인생과 배우자를 끌어안고 살아가는 것입니다.

답 없는 인생에게 유일하게 답이 될 수 있는 방법은 주님께 묻고 또 묻는 것입니다. 왜냐하면 주님은 저를 아시고 배우자를 아시며 우리 인생을 아시기 때문입니다. 그분이 우리 인생의 계획을 가지고 계시기 때문입니다.

주님의 방식을 따랐을 때 우리 인생이 형통하지 않을 수도 있습니다. 주님의 인도하심을 따라 가더라도 우리의 연애와 결혼, 가정은 아찔한 위기와 심각한 문제를 만날 수 있습니다. 주님이 우리 인생을 인도하신다는 의미는 문제가 없다는 것이 아닙니다. 형통하다는 것이 아닙니다. 그것은 당신의 뜻을 이루신다는 것과 이어져 있습니다.

주님이 우리 삶을 인도하실 때 당장의 삶의 문제들은 여전한 것 같아 보여도 결국 우리가 만들어 가는 가정을 통해 주님의 아름다운 뜻이 이루어질 것입니다. 주님의 뜻이 이루어지는 것, 그것이 성공한 인생입니다.

결혼을 배우다(리커버 특별판)
ⓒ 이요셉, 2022

1판 1쇄	2016년 5월 25일
1판 14쇄	2020년 7월 10일
2판 2쇄	2024년 7월 5일

지은이	이요셉
발행인	조애신
책임편집	이소연
디자인	김수진, 임은미
마케팅	전필영, 권희정
경영지원	전두표

발행처	도서출판 토기장이
주소	서울시 마포구 동교로 71-1 2F
출판등록	1998년 5월 29일 제1998-000070호
전화	02-3143-0400
팩스	0505-300-0646
이메일	tletter77@naver.com
인스타그램	togijangi_books_

ISBN 978-89-7782-463-8

- 이 책은 저작권 법에 따라 보호를 받는 저작물이므로 무단 전재와 무단 복제를 금합니다.
- 이 책의 전부 또는 일부를 이용하려면 반드시 저자와 도서출판 토기장이의 동의를 받아야 합니다.

도서출판 토기장이는 생명 있는 책만 만듭니다.
"우리는 진흙이요 주는 토기장이시니 우리는 다 주의 손으로 지으신 것이니이다" (이사야 64:8)

북 디자인 사용을 수 있습니다